伝説の創業者が明かす

リッツ・カールトン 最高の組織をゼロからつくる方法

EXCELLENCE WINS Horst Schulze

リッツ・カールトン共同創業者
ホルスト・シュルツ
ディーン・メリル 著
御立英史 訳

ダイヤモンド社

仕事で旅をすることが多かった私を、
忍耐強く見守り、支えてくれた、
妻と娘たちへの感謝を込めて。

Excellence Wins
by
Horst Schulze

Published by arrangement with the Zondervan Corporation L.L.C.,
a subsidiary of HarperCollins Christian Publishing, Inc.
through Tuttle-Mori Agency, Inc., Tokyo

ケン・ブランチャード（『1分間マネジャー』著者）による序文

ホルスト・シュルツの偉大な3つの哲学に学ぶ

ホルスト・シュルツからこの本の序文を書いてほしいと頼まれて、私は光栄に感じた。なぜなら、私はこれまで40年以上、世界中で何百人ものCEO（最高経営責任者）や社長と仕事をしてきたが、ホルスト・シュルツは間違いなくベスト5に入るリーダーだからである。ザ・リッツ・カールトン・ホテル・カンパニーの社長兼COO（最高執行責任者）を務めていたときのホルストの仕事ぶりからは、リーダーが組織に与えることのできる影響の大きさをひしひしと感じたものだ。

ホルストは、組織が目標を達成して結果をつかむために必要なものは何か、人間関係において重要な役割を果たすものは何かということについて、明確な考えを持っている。そしてその考えを、社員との関係において、顧客との関係において、そして組織全体の運営において活かし、実践している。

そんなホルストと私には、はっきり意見が一致している考えがある。それは、企業の利益とは、命令されなくても社員が進んで顧客を喜ばせようとする環境をつくったリーダーへの賞賛にほかならない、という考え方だ。

長いキャリアの全体を通じて、ホルストは自身のリーダーシップ哲学のとおりに生きてきた。深く共感させられる彼の生き方、リーダーシップ哲学は、次の3つにまとめることができる。

1．夢を持ち続けるビジョナリーであること

ドイツでの子ども時代、ホルストは、大きくなったらホテルで働きたいと家族に告げた。家族や親戚は、ホルストに別の道を進ませようとして、事あるごとに働きかけた。だが、彼は説得に屈することなく、自分の夢を貫いた。

最初のホテルで3年の見習い期間が終わろうとしていたとき、少年ホルストは、「紳士淑女にサービスを提供する紳士淑女」という考え方を獲得する。それはその後、彼自身だけでなく、彼の下で働くすべての人に力を与えるマントラとなった。

私はアトランタのリッツ・カールトンにホルストを訪ねた日のことを、けっして忘れないだろう。本文でも詳しく紹介されているスタンドアップ・ミーティングを、この目で見る特権にあずかることができたのだ。当時ホルストは、街にいるときには自分も参加して、週の始めに従業員とミーティングを行っていた。

彼は従業員に、会社がどこに向かっているのかを確実に知ってほしいと願っている。前の

週に感じた懸念を口に出して言ってほしい、「サービス・スタンダード」(第8章参照)を少なくとも1日に1つ復習してほしいと思っている。そのために行うのがこのスタンドアップ・ミーティングである。ホルストは、ビジョンを実現する最善の方法は、全員がサービスの規準を共有し、繰り返し学ぶことで、体に染み込ませることだと考えている。

2. 従業員を常にパートナーと見なすリーダーであること

何年も前、ホルストが、ゲストに喜んでもらうためであれば、従業員は誰でも最大2000ドルまで自由に使ってかまわないという方針を発表したとき、リッツ・カールトンの中の人も外の人も、耳を疑ったものだ。

彼は従業員の判断力を信頼した。そして、その判断の正しさを裏付ける実際のエピソードが届くのを喜んでいた。

私もいくつかエピソードを知っているが、特にメアリーの話が気に入っている。ゲストが部屋に置き忘れたノートパソコンを届けるために、アトランタからハワイまで飛んだハウスキーパー〔清掃担当〕だ。

そのゲストは、チェックアウト翌日の午後に、ホノルルで開かれる国際会議で重要なスピーチを行うことになっており、そのために何としてもパソコンが必要だった。スピーチに間に合うようにパソコンを届ける必要があったが、翌日配達のクーリエサービスを信頼しきれなかったメアリーは、自分の手で届けることにしたのだった。
メアリーは、その機会を利用して短い休暇を取っただろうか？　そんなことはしなかった。次のフライトですぐにアトランタに取って返したのである。自分の職場に戻ったときに彼女を待っていたのは、ホルストからの感謝状と、ホテルの仲間からの祝福のハイタッチだった。

3．部下に敬意を払うサーバントリーダーであること

これについては、ホルスト自身の言葉を読んでいただこう。

最初から消極的な気持ちで、適当にやり過ごそうとして出社する者もめったにいない。日標達成に貢献したいと思うのが人間というものだ。ふさわしい場所に招き入れさえすれば、誰であれ、才能を開花させることができる。（中略）無意識のうちにでも、社員を機械の歯車のように扱ってはならない。そうではなく、人間としての彼らを理解し、それぞれの興味や意欲をかき立てるような仕事に就かせる必要がある。それができれば、彼らは長期にわたって素晴らしい働きをして、自分自身にも会社にも大きな利益をもたらす存在になるはずだ。（130ページ）

この本を手に取ったあなたは間違いなく幸運な人だ。あなたは、ホルスト・シュルツの成

功と失敗から紡ぎ出された知恵の結晶を、たっぷり味わうことができる。あなた自身の組織に適用できる素晴らしいストーリーと教訓を、大いに気に入るはずだ。読み終わったとき、あなたはこの本の核心を成すメッセージを理解していることだろう――高みを目指す者が勝利をつかむのだから。

ケン・ブランチャード
ケン・ブランチャード・カンパニーズ共同創設者兼CSO。
『1分間マネジャー』『1分間顧客サービス』『社員の力で最高のチームをつくる〈新版〉1分間エンパワーメント』『サーバントリーダーシップ』など著書多数。

はじめに　あなたが直面しているお客様の課題のために

本題に入る前に、サービスを提供する相手を何と呼ぶかということについて、ひとこと触れておこう。

ごく一般的なビジネスの世界で仕事をしている読者なら――私もその一人だが――特に考えるまでもなく、相手は「顧客」や「お客様」である。この本では、もっぱらこの言葉を使って話を進める。

コンサルタントやアドバイザー、あるいはカウンセラーなら、「クライアント」と呼ぶのが一般的だ。政府機関で働いている人なら、サービスを提供する対象は「市民」あるいは「納税者」ということになる。

非営利セクター――教会、伝道団体、協会、政治団体、市民グループなど――で活動している人なら、向き合う相手は「会員」「寄付者」「支持者」などになるだろう。

教育関係者なら「学生」、そしてその「保護者」。医師や看護師、病院管理者、あるいはその他のヘルスケア専門家は、「患者」のために仕事をする。

どんな言葉で呼ぼうと、実際上の違いは何もない。すべて、自分が抱えている何らかのニーズを満たしてほしいと望んでいる人たちだ。そして、ご承知のように、その要望に応えることができない企業は、さまざまな関係が織りなす慌ただしい社会を生き抜くことはできない。相手を何と呼ぶかは関係ない。向き合わねばならないのは、その人の内にある欲求や感情、価値観、そして興味なのである。

　ということで、この本は、あなた自身の仕事に当てはめて、あなたが直面している課題にどう活かせるかを考えながら読み進めていただきたい。

ホルスト・シュルツ

謝辞

私の生き方、働き方、考え方、そしてキャリアに良き影響を与えてくれたすべての人に深く感謝する。一人ずつ名前を挙げるべきだと承知しているが、それではこの本に収まりきらない。

愛する妻の助けがなければ、私は何も成し遂げることができなかっただろう。ありがとう、シェリ。娘たちにも愛を。イボンヌ、アレクシス、ブルック、そしてエリエル、ありがとう。きみたちは多くのことを犠牲にして私を支えてくれた。みんな特別な存在だ。

私と私のキャリアに多大な影響を与えてくれたカール・ツァイトラー（私の最初のメートル・ドテル）、コルゲート・ホルムズ、オットー・カイザー、そしてパット・フォーリーに感謝する。

リッツ・カールトンの立ち上げに尽力してくれたすべての人に感謝する。特にエド・スタロス、ジョー・フレニー、シギ・ブラウアー、あなたたちがいなければこのホテルは開業できなかっただろう。そしてドアマン、ウエイター、ベルマン、ハウスキーパー、シェフ、バスボーイ……、みなさん本当にありがとう。

すべての人に愛を込めて！

ホルスト・シュルツ

伝説の創業者が明かす

リッツ・カールトン　最高の組織をゼロからつくる方法

ケン・ブランチャードによる序文　i

はじめに　あなたが直面しているお客様の課題のために　vi

謝辞　viii

プロローグ　**少年時代の夢から生涯の仕事の法則を見つけた**　001

灰皿洗いからのスタート　003

サービスの心を教えてくれた師との出会い　007

作文の宿題で　009

わがホテル人生のモットーとなった言葉　011

PART I お客様に接するときの最良の方法 013

CHAPTER 1 お客様の身になって考えることを追究する 015

お客様の望みは必ずしも明らかではない 016
広範囲の調査をしなければわからない大切なこと 018
お客様の気持ちを徹底的に考える 020
お客様が望んでいる3つのこと 024
サービスはお客様一人ひとりに合わせて 032
顧客のニーズも好みも変化する 037
満足させるべき顧客グループは1つではない 039

CHAPTER

2 顧客サービスをすべての社員の仕事にする

顧客サービスをすべての社員の仕事にする 041
「心からのあいさつ」はあるか 042
お客様の希望に寄り添った対応 045
きちんとしたお別れのあいさつとは 046
顧客サービスはお客様と接する人だけの仕事ではない 047
自分の仕事をストップしてでも仲間の仕事を助ける 049
ベネディクト会の精神に学ぶ 052
サービスの本質は細部に宿る 055
問題は根っこから断ち切る 058

CHAPTER

3 4つの重要課題に集中する

4つの重要課題に集中する 065
成功のための4つの最重要課題とは 066
問題のあるお客様にどう対応するか 069
言い訳はゆるされない 072
お客様の期待を超えて、さらに1マイル遠くまで行く 074

CHAPTER 4
苦情対応に最高レベルの注意を払う 077
小さな問題が大きな脅威になる 078
リッツ・カールトン流苦情対応 081
苦情はチャンスである 085
評判はあっけなく悪化する 087
深刻な事態にどう対処するか 089

CHAPTER 5
お客様の3タイプを熟知する 093
3種類のお客様 094
お客様を失う3つの方法 097
会員制による囲い込みの危険な幻想 104

PART II 組織を磨く日々の努力 109

CHAPTER 6 社員は単なる労働力ではない 111

社員から人間的要素を奪ってはいけない 112
テイラー主義に「ノー」と言おう 114
感謝はしても妥協してはならない 118
円滑に運営される組織の秘訣 120
採用の鉄則——ただ雇うのではなく選べ 123
近道を行くな 126
働かない社員が生まれるのは誰のせい？ 128

CHAPTER 7

いちばん大事なことを最初に伝える

131
入社初日の驚くべき体験 132
いちばん大事な話 133
社員個人のレベルに浸透させる 139

CHAPTER 8

徹底的に繰り返す

143
優れた社員を育成するために必要なこと 144
1日10分を毎日繰り返す 145
なぜ何度も繰り返すのか 157
緊急の仕事と重要な仕事 161
積み重ねの中で大切なことが強化される 163
改善は現場の力で 166

CHAPTER 9

部下の心に熱い炎をともす

部下の心に熱い炎をともす　171
「マネジャー」と「リーダー」の違い　172
無意味なスローガンを口にするな　175
人は何のために働くのか　182
部下への正しい接し方　185
リーダーにとって最大の報酬とは　187

CHAPTER 10

社員と会社の間の壁を乗り越える

社員と会社の間の壁を乗り越える　191
社員は何に帰属意識を持つか　192
私が望む「ボール遊び」　195
ストライキ中の従業員に差し入れをする会社　200
変えられないものはない　202
誰もが幸福を求めている　204

PART III リーダーの本当の仕事 207

CHAPTER 11 どんなリーダーが求められているか 209

リーダーにまず必要なもの 210
ビジョンを実現するために必要な決断 215
あなたは本当にリーダーなのか? 224

CHAPTER 12 なぜビジョンが必要か 229

あなたは何者で、何を目指すのか? 230
言葉だけのビジョンに力はない 233
危機的状況に襲われたときも 235

CHAPTER 13
リーダーは精神論ではうまくいかない 239
パフォーマンス評価は絶対に必要だ 240
直感だけでは経営できない 242
経営数字だけでは見えないものがある 243
すべてを見て歩くことはできない 243
運まかせでは前に進まない 244
それでは何を測定すればよいのか 248
ボルドリッジ賞を目指す 254
7つの評価基準 257
最高のサービスを目指す努力に終わりはない 259

CHAPTER 14
仕事への愛と報酬 263
ワクワクする仕事 264
8つの重要な問い 266
真に卓越するものが勝つ 270

エピローグ　**もう一つの話**　275

本書に寄せられた賛辞　284

出典　286

プロローグ

少年時代の夢から生涯の仕事の法則を見つけた

その日の午後、私がまだ家に帰り着いてもいないうちに、母の耳に、私が教室で放った問題発言の報が届いた。友だちとフースバル（サッカー）をして遊んでいるときに、どこで聞きつけたのか、隣家のおせっかいなおばさんが母に注進に及んだのだ。

「おたくのホルストが学校で何て言ったか聞いた？」

彼女は息せき切って母にたずねた。

「大きくなったらホテルで働きたいんですってよ！」

私が育ったドイツの小さな村では、人並みの矜持を持つ家族なら、男の子に就かせたいと考える仕事は、次の2つのうちのいずれかだった。ミュンヘンやシュトゥットガルトのような大都会に出て、理系の専門職（たとえばエンジニアリングや建築）に就くか、ブドウ畑で覆われた丘陵の村にふさわしく、地元でワイン造りの仕事に就くかのいずれかだ。どちらでもなければ、せめて大工か石工というのが通り相場だった。

ホテルで働きたいなどというのは、当時のその地方の感覚では、道路掃除かゴミ集めで暮らしを立てたいと言っているのも同然だった。

当時11歳だった私は、どうしてそんな突拍子もないことを考えたのだろう。そもそも、村にはホテルなどなかった。ホテルどころか、気の利いた食事を出すレストランさえなかった。いまでも私は、自分がなぜホテルで働きたいなどと考えたのか、思い出すことができない。きっと本か何かで読んだのだろう。

しかし、私の思い入れはしぶとかった。親戚の間で一目置かれていた銀行家の叔父が街から訪ねてきて、いったい何を考えているんだ、と私に問いただした。

「もちろん、コブレンツにあるギムナジウム（高校）に行くんだろうな？」

私は、叔父が当然理解してくれるものと思いながら、ホテルで働きたいという夢を話した。

「何だって？　客にビールを出す仕事をしたいのか？　だるそうに働いている連中が駅にいるが、ああいう仕事をしたいと？」

叔父は列車待ちの客に酒を出す駅中のバーを引き合いに出し、あきれ顔で言った。ほかの家族と同じように、叔父も私の選択が恥ずかしかったようだ。

進路をめぐる両親との膠着状態は、私が14歳になるまで3年間続いた。当時のヨーロッパの学生にとって、14歳といえば、上の学校に進んで勉強を続けるか、世の中に出てお金を稼ぐか、進路の分岐点となる年齢だった。

ある日、両親は私を椅子に座らせて言った。

「ホルスト、おまえの考えを聞かせておくれ」

「ぼくはホテルで働きたい。キッチンやダイニングで。そういう仕事がしたいんだ」

父と母は顔を見合わせ、自分たちの息子はあきらめそうもないと、腹をくくったようだった。一つため息をつくと、ついに、応援しようと言ってくれた。

両親は職業関連の役所かどこかに行って、まず何をすればよいかを調べてくれた。村から80マイル離れた所に、6カ月かけてホテルの仕事を学べる寄宿制の学校があることがわかった。両親は渋々ながら私をその学校に入れると、目に涙を浮かべながら見送ってくれた。

灰皿洗いからのスタート

そこで私は厳しい詰め込み教育を受けた。ホームシックにも悩まされたが、なんとか半年の課程を終えることができた。

その後私は、学校が見つけてくれたバート・ノイエンアール＝アールヴァイラーにある立派なホテル・アンド・スパで、3年間の見習い勤務に就いた（「バート」というドイツ語は「ミネラルを含む温泉」の意味で、関節炎などに効果があるとされている）。ホテルの隣にはクリニックがあって、医師が診療を行っていた。ホテルの名前は「ザ・クアハウス」（「保養施設」の意味）といった。

そこには、治療や療養とは関係なく、たくさんの裕福な人が、コンサートやカジノを楽しむためにやってきた。コンサートは毎日、昼下がりと夜に、広い庭園で開かれていた。

いまでも私は、そのホテルに向かう列車の中で母が言ったことを覚えている。「ホルスト、よく聞きなさい」。母は強い口調で言った。「これからおまえが働くのは、立派な紳士と淑女がやってくるホテルだよ。私たちなんかには泊まれない場所だからね（私の父は第二次世界大戦の従軍兵で、退役後は郵便関係の仕事をしていた）。それをわきまえて振る舞いなさい。ちゃんとシャワーを浴びて、靴下も洗うこと。場違いなことをしてはいけないよ」

やがて列車は目的の駅に到着した。母と私は列車から降り、スーツケースを提《さ》げてホテルまでの10ブロックを歩いた。タクシーに乗ることなど問題外だった。

ホテルに着くと、総支配人《ジェネラル・マネジャー》にあいさつをした。「博士《ドクター》」という肩書きの、学のありそうな人だった。彼は、さっき母が言ったことを、別の言葉で私に言い聞かせた。

「シュルツ君、ここは重要な人々のための場所だ。お客様は世界中からやってくる。彼らはサービスとは何かをよく知っている上流の人たちだ。けっして妬《ねた》んだり、うらやましがったりしないように。きみの仕事は、ここでお客様に仕えることなんだからね」

私は神妙な面持ちでうなずいた。

母に別れのキスをして、同室になったほかの3人と一緒に寮の部屋に向かった。共同のトイレとシャワーが廊下の突き当たりにあった。

翌日からさっそく、私はバスボーイ〔テーブル・セッティングや下げ膳など、ウエイターの補助業務の担当〕としての忙しい生活の中に放り込まれた。正確に言うと、最初にさせてもらった仕事は、灰皿の片付けだけだった。「食事中のお客様のじゃまにならないように、気をつけるんだぞ」と言われた。

少し経つと、皿洗いの仕事をあてがわれた。仕事時間は長く、朝の7時から夜の11時まで働いた。3度の食事すべてについて、ダイニングルームの準備をした。テーブルをセットするだけでなく、ウエイターが使う道具や補充品をそろえるのも私たちの仕事だった。フロアの掃除も行った。やっとの思いで1日を終えると、客室のドアの前にお客様の靴が出されていて、私たちに磨かれるのを待っていた。ありとあらゆることをしているような気がしたものだ。

そのうち、お客様の注文をウエイターから受け取ってキッチンクルーに取り次ぎ、調理された料理をウエイターに届ける仕事もするようになった。その次は、実際にサイドテーブルで料理を取り分け、皿に盛りつけてお客様に出すところまで、やらせてもらえるようになった。ただし、肉を切り分ける必要がある料理の場合は、メートル・ドテル〈サービス責任者〉がそれを行った。

水曜日以外はそんな毎日の繰り返しだった。水曜日には、私たち駆け出しはバスに乗せられて近くの町にあるホテル学校に行き、勉強をさせてもらった。ただし勉強だけで終わりではなく、午後遅くにホテルに戻ると、すぐ制服に着替えてダイニングルームに急がなくてはならなかった。

仕事はハードだったが、自分の職業選択を後悔したことはなかった。母からは毎日、励ましの手紙が届いた。村で起こっていることや、庭で穫《と》れた野菜のことなどが書かれていた。締めくくりには、いつもこう書かれていた。

「愛しているよ、ホルスト。いつもおまえのことを思っている。こんど帰ってくる日が待ち遠しいわ」

重労働に耐えられるエネルギーの足しにと、固形のブドウ糖が送られてくることもあった。

サービスの心を教えてくれた師との出会い

そのホテルで、私はメートル・ドテルのカール・ツァイトラーさんから強烈な印象を受けた。70代前半の高齢だったが、テーブルからテーブルへと移動しながらお客様と言葉を交わすその姿には威厳があった。ドイツ語で話していたかと思うと、次のテーブルでは英語で話し、その次のテーブルではフランス語で話した。ダイニングルームにいる誰もが、彼の存在を感じていた。

私が見るところ、お客様はこのメートル・ドテルが自分たちのテーブルに立ち寄ってくれることを、誇らしく感じてさえいるようだった。彼を見上げ、自分たちの会話に招き入れようとした。そんな様子を見ているうちに、自分のような下っ端が彼を尊敬するのは当然だとしても、お客様たちも同じように感じているということがわかってきた。

なんという逆転だろう——と私は思った。お客様とホテルの従業員、**上と下がほとんど**

ひっくり返っているではないか。

ツァイトラーさんは、私たち若い従業員にとって偉大な教師だった。食事時間の事前ミーティングでは、その日のすべてのメニューと新しい食材について説明し、それをお客様にどう伝えればよいかを教えてくれた。そんなときの彼の眼差しは、ホテルの仕事の奥深さを映し出しているようだった。

時間に余裕があるときは、長いキャリアの中で働いた素晴らしいホテルの話を聞かせてくれた。ロンドンやチェコスロバキアのホテルの話を聞いたのもそんなときだった。ベルリンのホテルで過ごした見習い時代の話も、大西洋航路の船で働いていた友だちのことも聞かせてもらった。誰もが彼の話に魅入られたものだ。私は3カ月に一度ぐらい家族の待つ家に帰ったが、いつも話すことが山ほどあった。

ツァイトラーさんは私たちに働く意欲を注入してくれるだけでなく、高い水準を要求した。私は何度か、そんな彼の逆鱗に触れたことがある。一度は、ゲストが飲み残したワインをこっそり飲んでいるところを見つけられ、思い切り尻を蹴飛ばされた。それ以後、私はもちろん二度とそんなことはしていない。

もう一度は、宴会で料理の盛りつけをしていたときのことだ。牛フィレと仔牛フィレが並ぶオードブルがメニューの中にあった。あるお客様から、「牛フィレはいらない。仔牛だけにしてもらえるかな」と言われた。料理をキッチンに持ち帰った私は、人目を避けながら、フォーマルジャケットのテールの下に隠れているズボンの尻ポケットに、不要になった牛フィレをすべりこませた。

残念なことに、メートル・ドテルがその一部始終を見ていた。彼は私をつかまえると、尻ポケットに熱いソースを注ぎ込んで、激しく叱りつけた。

作文の宿題で

3年間の見習い期間が終わりに近づいたある水曜日、ホテル学校で作文の宿題が出た。ホテルでの仕事をどう感じているか、何を学んでいるかを書きなさいというものだった。何を書けばよいかわからなかった私は、夜、部屋であれこれ考えた末に、ツァイトラーさんのことを書くことにした。彼がどれほど並外れた人物であるか、その一分の隙もない身だしなみ、優雅な立ち居振る舞い、ゲスト一人ひとりに心からの関心を持って接していることなどを書いた。

書きながら、彼が自分自身を「真の紳士」と自負していたことを思い出した。

私は「紳士淑女にサービスする紳士淑女」という表現を思いつき、その言葉を使って作文の終わりのほうにこんなことを書いた——私たちに教えてくれたメートル・ドテルのように、私たちも一人の紳士、一人の淑女としての誇りを持って仕事に取り組むことができる。私たちはサービス業界のドアの陰でゲストにかしずく召使いではない。紳士・淑女と呼ばれるに値する存在になれば、私たちは誇りあるアイデンティティを持つことができるだろう。

その作文はA評価を受けた！　後にも先にも、生涯で獲得した唯一のA評価だ。学校にいたすべての教員が集められ、私はその前で自分が書いた作文を読み上げさせられた。

私は先生たちの褒め言葉を聞きながら、私がホテルで働くことを恥じた叔父や、その他の人たちのことを思い起こしていた。

私は心の中で言った。ほら、ぼくは間違っていなかったでしょう？　ぼくは誇りを持ってホテルの仕事をすることができる。周りの人から尊敬され、自分自身に誇りを持つことができる。ホテルの仕事を通して、ぼくは紳士になることができるんだ。

わがホテル人生のモットーとなった言葉

18歳の誕生日が間近に迫ったころ、冬の仕事に就くため、スキーリゾートのガルミッシュ＝パルテンキルヒェン（バイエルン州）へと向かった。

次にスイスに行き、ベルンのベルビュー・パレス（スイス政府が迎賓館として利用しているホテル）とローザンヌのボーリュージュ・パレスで働いた。その次はパリのプラザ・アテネ、そしてロンドンのサボイホテルで働いた。どれも5つ星ホテルだ。

ホーランド・アメリカの高級クルーズ船でも働いた。この仕事で私は初めてニューヨークを訪れた。当時、次の出航の準備に3日を要したので、船員パスポートを使って街を見て歩く時間があった。

ほとんどの友人は、タクシーをつかまえてエンパイア・ステート・ビルやマディソン・スクエア・ガーデン、あるいは自由の女神像などの見物に行ったが、私の目的地リストのいちばん上には、有名なウォルドーフ・アストリア・ホテルの名前があった。それまでずっと、この荘厳なホテルを自分の目で見たいと思っていたからだ。ロビーに鎮座する大時計を見つめながら、私は興奮で武者震いした。自分もいつか、こんな立派なホテルのマネジャーになれるだろうか？

もちろん、そんなことはわからなかった。でも、もしそんなチャンスが訪れたら、紳士淑女が誇りを持って紳士淑女にサービスを提供するホテルにしたいと思った。その夢を、お客様のためだけでなく、お客様に仕える全員――勤務初日のハウスキーパーから頂点に立つ総支配人まで――のために実現したいと思った。全員が最高を目指す、そんなホテルにしたいと思った。

そう心に誓った日から今日まで、「紳士淑女にサービスする紳士淑女」というモットーを私がどのように実践してきたか――次のページから、そのことを語ろう。

PART I

お客様に接するときの最良の方法

SERVING FOR YOUR CUSTOMERS

A

C

B

D

E

扉の5枚のイラストの訳

A

お客様が望む3つのこと

①欠陥のない製品やサービス

②待たされないタイムリーな対応

③親切で思いやりのある対応

B

顧客サービスは
お客様とじかに接する社員だけの仕事ではない。
組織の中で、ほかの社員のために
仕事をしている人にとっての仕事でもある。

C

どんな組織も、
いつでも100%のお客様を
喜ばせることはできない。
しかし、そうしようと努力することで
失うものは何もない。

D

お客様から苦情があったら、
自分に責任があるという態度で引き受ける。
お客様の苦情の原因が、
あなたであろうとなかろうと関係なく。

E

顧客ロイヤルティは
お客様の期待に応え続けることで生まれる。
お客様を確保したと慢心した瞬間から、
あなたのビジネスを蝕み始める。

CHAPTER

1

お客様の身になって考えることを追究する

GETTING INSIDE YOUR CUSTOMER'S HEAD

お客様の望みは必ずしも明らかではない

お客様が何を望んでいるか——考えるまでもなく明らかな場合もある。たとえば、野球場でホットドッグを売っているのなら、ファンが望んでいるのは安くておいしいホットドッグだ。学校を経営しているなら、親の願いは、自分の子どもにしっかり勉強させてほしい、それもできるだけ安い税金と授業料で、ということだろう。病院を経営しているなら、患者の望みは、早く元気になって家に帰りたい、面倒な保険請求手続きは病院側でやってほしい、というものだ。

お客様が何を望んでいるかは、常識を働かせればわかりそうに思える。簡単に即答できそうだ。しかし、それではお客様が本当に望んでいることの上っ面を見ているにすぎない。そこで事足れりとせず、深く掘り下げないと、お客様が発する重要なシグナルを見落としてしまう。それどころか、マーケットが望んでいることと**反対の対応**をしてしまうことさえありうる。

私たちが常識と思っている前提のいくつかは、正しい理解を妨げるどころか、危険きわまりない間違いを引き起こすかもしれない。

あなたは、次のような言葉を口にしたことはないだろうか？

- 「ぼくもそのことなら知っているが……」
- 「妻（夫）が昨日言ってたんだけど……」
- 「近所の人（友だち、ジムのトレーナー、その他誰でも）がこんなことを言ってたんだけど……」

これらはどれも、「対象者1人の調査結果」にすぎない。何千人、何万人を相手にビジネスを展開したいと思っているのに、たった1人が考えていることで何かを決めてよいはずがない。統計学者なら誰でも、サンプルが少なすぎて結果は信頼できないと言うだろう。

フォーカスグループ——8人とか10人を会議室に集めて意見を話してもらう——はそれよりは役に立ちそうだが、徹底的なフォローアップ分析を行わない限り、本当の役には立たない。設定がひどく作為的だからだ。私たちは会議室で生活しているわけではない。1時間か2時間のインタビューを受けて、50ドルとか75ドルとかの謝礼を受け取るような調査では、語られる意見は相当偏っていると考えたほうがよい。そしてこの方法も、やはりサンプル数が少なすぎる。

広範囲の調査をしなければわからない大切なこと

では、組織のリーダーは、意味のある知見を得るために、どうすれば十分な数の人から情報を得ることができるだろう？

あまりお金をかけずにできる一つの方法は、お客様（あるいは会員）の満足度を継続的に調査することだ。自社が対象としている人々の声に耳を傾けず、一方的に自分だけが話す（売り込む、説教する）リーダーがあまりにも多い。

お客様はあなたの製品やサービスのことを、本当はどう思っているのだろう？　彼らは何が好きなのか？　何に不満を感じているのか？　もっとこうしてほしいと思っていることは何なのか？　そして、おそらくいちばん確認すべきことはこれだ――お客様はあなたの製品やサービスを、友人や知人にすすめようと思ってくれているだろうか？

このような顧客の意見は、コメント・カード、電話インタビュー、あるいはオンライン・アンケートなど、さまざまな方法で集めることができる。

もちろん、几帳面に考える人は、協力してくれる人としてくれない人がいるのだから、どれも科学的にランダムなサンプリングとは言えないと主張するだろう。しかも、とかく不平不満の多い人は、そういう機会に飛びつく傾向がある。だからこそ、個々の意見に反応するのではなく（それもまた「対象者1人の調査結果」にすぎない）、一定期間にわたってお客様の**反応の推移**をモニターする必要があるのだ。

集めた生情報を処理するのに手間がかかりすぎる場合は、外部の会社に分析を依頼してもよいだろう。得られた情報をふるいにかけ、分類し、要約してもらえるので、使える情報を手に入れることができる。お金はかかるが、有益なインサイトを得ることができる方法だ。

あるいは、自社で集めたデータを渡すのではなく、最初のデータ集めの段階から終わりまで、顧客サービスの体系的測定に長《た》けた調査会社に依頼する方法もある。私はその分野ではJ・D・パワーが最高だと考えており、アメリカ国内でも海外でも繰り返し依頼している（たまたま私がそう評価しているだけで、検討に値する会社はもちろんほかにもあるだろう）。こうした調査会社は、顧客が感じている**不満の推移**だけでなく、**要求のトレンド**も分析してくれる。たとえば、「現在のサービスにこれこれの価値を追加すれば、もっと多くの人が満足すると想定される」といった提案をしてくれる。

繰り返すが、少数の極端な意見に気を取られすぎないほうがよい。重要な情報を得るためには、幅広い市場の声に耳を傾けることが必要だ。

顧客満足度の調査は、単に自社を競合他社と比較することよりはるかに重要だ。一時期、

「ベンチマーク」という言葉が流行ったことがあるが、これは同じ業界や同じ市場セグメントで活動している他社と自社を比べようとするものだ。だが、それはさほど大切な情報ではないし、役に立つとも限らない。

いつだったか、ファストフード企業の幹部から彼の会社の評価をたずねられとき、私は、「御社は低評価グループの企業の中では最上位でしょう」と失礼な返事をしたことがある。他社と比べても、言えるのはその程度のことだ。

ベンチマークをするなら、1年前や3年前の自社と比較して現在の状態はどうか、という測定のほうが意味がある。あなたの会社は進歩しているだろうか？　あなたの会社のサービスに満足している人の割合は増えているだろうか？

お客様の気持ちを徹底的に考える

顧客からのフィードバックは明瞭でない場合があり、重要なポイントを見落としてしまうことがある。人間は自分が感じていることを常に、的確かつ明確に表現できるとは限らないからだ。

私が同席したあるフォーカスグループ・インタビューで、ホテルに泊まることについてたずねられた対象者たちが、「自分の家にいるような気分を味わいたい」と何度か繰り返した。

わが家は心地よく、あたたかい。だが、「自分の家にいるような気分」とは、具体的には何を意味するのだろう？　そう言われて、ホテル側は何をすればよいのだろう？　もちろん、ホテルの部屋では、お客様の自宅のように家具を置くことも、飾り付けをすることもできない。

そこで私は専門の会社を雇い、インタビュー対象者の発言の録音を聞いてもらい、本当のところ何を言おうとしているのか、分析してもらうことにした。すると、こういう解釈が成り立つのではないかという報告が提出された。「彼らは潜在意識の中で記憶している何か――幼いころ母親と過ごしたわが家で味わった気持ち――を感じたいと思っている」

どういうことか。幼いころ、家ではすべてのことが自分のために行われた。あれが欲しいと言えば与えられ、これが嫌だと言えば遠ざけてもらえた。あらゆるニーズが満たされていたと言ってよい。電球が切れれば、いつの間にか取り換えられた。芝生が伸びれば、いつの間にか刈りそろえられた。そういう雑用をいつ誰がやってくれているのか、幼い子どもは考える必要がない。何かについて心配するという必要がなかったのである。

何か問題があれば、すぐに母親のところへ行った。「ママ！　大変だ、靴下がない！」すると母親はどうしてくれたか？　「こっちにおいで」と言って、愛情いっぱいに抱きしめてくれたはずだ。母親は問題を解決するために何をすればよいかを、正確に知っていた。**「では、上司と相談してみます」とは言わなかった。**

しかし、ビジネスの世界では——ホテルの世界でも——毎日のように「では、上司と相談してみます」という対応が横行している。

私はこのフォーカスグループ・インタビューの分析から、ホテルの宿泊客が心の奥深くで何を望んでいるのかを理解することができた。お客様は、すべてが問題なく管理されていること、何か問題があってもすぐに解決してもらえること、そして、そう信じて安心していられることを願っているのだ。

3時間も待たされたくない。何かあったとき、いちばん近くにいる人に、その人が何の担当であれ、自分の願いや不満を聞いてもらいたい。要するに、誰かに——すべての従業員に——自分のことを気遣ってほしいのだ。ホテルがその願いに応えることができれば、お客様はしかるべき敬意を持って扱われていると感じ、光栄であるとさえ思ってくれるだろう。

この認識に基づいて、私は新しい方針を発表した。**総支配人から新米のバスボーイまで、**

すべてのホテル従業員は、お客様に満足していただくためであれば最大2000ドルまで自由にお金を使ってよい、と決めたのである。

朝食のためにレストランに入ってきた宿泊客に、ホステスがあいさつをする場面を想像してほしい。

「おはようございます。昨晩はよくお休みになれましたか?」

「ぐっすり眠れたとは言えないな」と、お客様がかすかに表情を曇らせるかもしれない。

「トイレの水が流れ続けて、止められなかったんだよ」

そのとき、ホステスは間髪を入れずにこう言わなくてはならない。「それは申し訳ありません! おゆるしください。私がすぐに対応させていただきます」

お客様をテーブルに案内したら、すぐに電話に飛びつき、お客様が部屋に戻るまでに何としてもトイレを修理するよう、メンテナンス担当者に動いてもらうことがホステスの仕事になる。

2000ドルまで自由に使ってよいという方針を発表したとき、同僚たちはほとんど卒倒しそうになった。ホテルのオーナーたちは私を訴えることさえ考えたようだ。私は反論に対してこう答えた。

「平均的なビジネス旅行者は、一生のうちに10万ドルを優に超える宿泊費をホテルに支払ってくれるのです。私たちのホテルブランドを繰り返し利用してもらうためなら、2000ドルなどリスクとさえ言えない支出です」

お金を捨てるためにそんなことを決めたのではない。当たり前だ。このポリシーは、お客様が本当に望んでいることは何かを知ったからこそ決めたことだった。お客様の期待に応えるために全力を尽くす――私はそう決心した。

お客様を正しく知り、ニーズを深く理解することが絶対に必要だ。そうでなければ、競合他社に勝るサービスを提供することはできない。

お客様が望んでいる3つのこと

ここで、こんな声が聞こえてきそうだ。

「私のビジネスはホテルではない。一口に顧客満足と言っても意味が違う」

その意見に対しては、どんな分野のビジネスであっても、お客様は次の3つのことを望んでいると指摘したい。それは何千件ものお客様のコメントから得た結論であり、自信を持って言うことができる。

①欠陥のない製品やサービス

ボトルに詰めた水を販売しているなら、顧客が望むのは不純物が混ざっていないピュアな水だ。ボトルから水が漏れてもいけない。100%信用できるものでなければ買ってもらうことはできない。

製品の欠陥は物理的品質だけではない。たとえば、なかなか開かないドアや、大きな音を立てるトイレも欠陥品だ。

物事を進める際の手順《プロセス》や仕組《システム》みにも、欠陥は存在する。お客様に、「領収書をもらってないけど」とか、「私のスーツケースはどこに行ってしまったの？　パーティーがあるから3時間以内に着替えないといけないのに」などと言わせるのは欠陥サービスだ。

この本を書くのを手伝ってくれたディーン・メリルは、最近、家族の葬儀のために、コロラド州の自宅からテキサス州ダラスに飛んだ。亡くなったのは86歳の男性だ。高齢だが健康状態は良好だったので、突然の訃報は子どもたちを驚かせた。ある朝、義理の娘がいつものようにコーヒーとドーナツを届けに行ったら、カーペットの上に倒れていたという。

ショックと悲嘆のただ中で、遺族は救急病院が紹介してくれた会社に葬儀を依頼した。大通りを半マイルほど行った先にある会社で、最初の手続きはスムーズに進んだ。だが、月曜の朝10時、家族や友人が葬儀場に到着したときから様相が一変した。

まず、葬儀が執り行われるチャペルの案内には、まったく別人の名前と写真が掲示されていた。「えっ、それは申し訳ありません」とオフィスで働いている人は言った。「昨夜の表示のままになっていました。すぐに切り替えます」（欠陥①）

葬儀は、式を司《つかさど》る牧師のあいさつと聖書の朗読、そして祈りで始まった。しかし、窓の外から聞こえてくるうるさい音のために、参列者は心を集中させることができなかった。あれは何の音だ？　誰もがいぶかしく思った。乗用式芝刈り機の音だった。いらいらさせられる音が優に20分は続いた。葬儀の最中に芝を刈らなくてはならない緊急の理由があったのか？　葬儀が終わるまで待てなかったのか？（欠陥②）

葬儀の後半で、先に亡くなっていた故人の妻の歌の録音がチャペルに流れた。アンドレ・クラウチの「神をほめたたえよ」を歌った素晴らしいソプラノだった。参列者が故人に思いを馳せ、哀悼を捧げるために準備されたものだった。

その歌に合わせて、何十年にもわたる家族写真がスクリーンに映し出される予定だった。幸せな夫妻、孫たちとのクリスマスの団らん、思い出深い休暇旅行などだ。故人の息子の一人が、何時間もかけて写真を集め、順番に並べ、葬儀会社のウェブサイトにアップロードしていた。しかし、歌声は流れたが、写真はついにスクリーンに映し出されないまま葬

儀が終わってしまった。（欠陥③）

葬儀終了後、遺体は一家の墓地に埋葬されることになっていた。故人が生まれ育った東テキサスの小さな町の外れにある墓地で、葬儀会場からは90マイルほど離れた場所にあった。距離があるので、車列を組んで移動するのではなく、参列者がそれぞれ自分のペースで運転して向かい、墓地で集合することになった。複雑な道順ではなく、明確な説明もあった。州間高速道路《インターステート》20号線を東に進み、指定の出口から下りて10マイルほど行けば着く場所だった。

12時半には参列者全員が到着した。墓地のスタッフの仕事も完了していた。テントが設営され、椅子が並べられ、シャベルを携えた埋葬担当の3人が少し離れた場所に礼儀正しく控えていた。

だが、霊柩車が到着していなかった。15分経ち、20分経った。全員の目が道路の先へと向けられた。葬儀を手配した息子の一人が携帯電話を取り出して葬儀会社に問い合わせたが、「いま向かっています」という返事しかなかった。

30分経ち、40分経った。じっとしていられなくなった幼いひ孫たちは、しゃがみ込んで土遊びを始めた。クルマに戻っておむつを交換しなくてはならない赤ちゃんもいた。

息子がもう一度電話をすると、もっとひどい答えが返ってきた。「ドライバーと連絡が取れないんです。いまどこにいるのかわかりません」

ほとんど1時間が過ぎた。腹を立てた息子が参列者に告げた。「みなさん、先に、予約しているレストランに行きましょう。食事を済ませてから墓地に戻りましょう」

汗ばむ暑さの中、お腹を空《す》かせて疲れ果てた一行が駐車場に向かい始めたとき、棺《ひつぎ》を載せた霊柩車が近づいてくるのが見えた。ドライバーはただ一言、「道に迷ってしまいました」とだけ釈明した（欠陥④）。それでなくても人々が心を痛めているときに、これはその日最大の失態だった。

用意周到な会社であれば、このような不手際を防ぐために、常に予防的措置を取っているだろう。あるいは、何か失敗があれば、直ちに社員を招集し、同じことが二度と起きないように対策を講じるだろう。

②待たされないタイムリーな対応

顧客は、要求に応えてもらうまで、落ち着かない気持ちで待たされたくはない。たとえば、レストランで食事をしているとき、料理は完璧で味も申し分なかったとしても（その点では欠陥なし）、出てくるまでに45分もかかったら、どんなにおいしくても不愉快になるだろう。あるいは、カスタマーサービスに電話して10分も待たされたら、電話に出た担当者がどれほど知識豊富で問題解決能力があっても関係ない。担当者が気づかなくても、お客様はムッとしているはずだ。

③親切で思いやりのある対応

顧客は、思いやりのある態度で接してほしいと思っている。実際、この3番目の要望は、前の2つを合わせたものよりも大きい。この希望に応えることができれば、ほかに問題があってもカバーすることができる。レストランで食事を終えた客が、こう話すのを聞いたことがある。「料理には問題があったけれど、ウエイターが素晴らしい配慮をしてくれたし、シェフもテーブルまでやってきて謝ってくれた。だから、すべて問題なしだ」

あるとき、シカゴの某銀行から、幹部社員を対象とする講演の依頼を受けた。講演前日の午後、その銀行の仕事ぶりを見ておこうと思い、ダウンタウンのループ地区にあるその銀行を訪ねてみた。銀行の中には立派な大理石の柱が並び、富が集まる場にふさわしい雰囲気が漂っていた。窓口では20人以上が顧客に対応していた。

私は順番待ちの列に並び、自分の番が来るのを待った。ようやく行列の先頭にたどり着いたとき、私の耳に若い女性の甲高い声が飛び込んできた。

「次の方《かた》!」

私は彼女の窓口に近づき、「50ドル札を両替してもらえますか」と言った。

微笑むでもなく、何か話しかけるでもなく、彼女は私から50ドル札を受け取り、私が依頼したとおりのことをしてくれた。電光石火の早業で、両替して崩したお金を声に出して数えた。

「10、20、30、40、45、50。はい、次の方!」

両替されたお金を手に、私は早々に退散した。

銀行の窓口担当者は、欠陥のない商品を提供してくれただろうか? イエス。提供してくれた。金額に間違いはなく、ドル札は本物だった。

彼女はタイムリーに対応してくれただろうか? イエス。対応してくれた。両替にはたぶん60秒もかからなかった。

彼女は私を人間として扱い、私への気遣いを示してくれただろうか? ノー。

翌日の朝、私は講演の中でこの体験を話し、銀行幹部たちにたずねた。

「みなさんがビジネスを行っているのは何の産業ですか? もちろんサービス産業です。みなさんはお金を製造しているわけではない。それは国の印刷局や造幣局がやっています。

みなさんは、ただ誰かのお金を扱っているだけです。そうですよね？」

彼らは不承不承うなずいた。

「昨日こちらの銀行を訪ねたとき、私はサービスを提供してもらっている気が全然しませんでした」

たとえば、あなたが医者だとしよう。患者が医者を訪ねるのは、当然、病気やケガを治療してほしいと願ってのことだ。だが、絶対にそれがすべてでもないはずだ。癒しは、棚に並んだ薬だけからもたらされるものではない。

患者は医師や看護師に、いや受付係にさえ、自分の話を聞いてほしいと願っている。誰かに、思いやりのある態度で話を聞いてもらいたいのだ。症状についての患者の説明は、だらだらと要領を得ないかもしれないし、混乱していることさえあるかもしれない。だが、それが患者の現実だ。医療従事者が人間としての患者に真摯に向き合うのでなければ、真の癒しは実現しない。

教会に行く人は、心洗われるような説教を牧師から聞きたいと期待している（欠陥のない製品）。礼拝が予定の時刻に始まって、予定の時刻に終わることを期待している（タイムリーな対応）。しかし、教会に入ってから外に出るまでの間のどこかで、受付以外の誰かが、その人が教会に来たことに気づいてくれただろうか？　牧師や教会のメンバーが、目を合わせて微笑み、握手してくれただろうか？　大勢が集う慌ただしさの中で、教会に来た人は、自分自身の存在の意味を感じることができただろうか？

もちろん、初めて訪ねた場所で、どんな方法で迎えてもらいたいかは、人それぞれだ。しっかりハグしてほしいと思う人もいれば、体に触れられると自分のスペースを侵害される感じがして嫌だという人もいる。だが、笑顔と心のこもった「おはようございます」のあいさつを嫌う人はいないだろうし、そうしてもらえば自分には価値があると感じることができるだろう。

サービスはお客様一人ひとりに合わせて

以上の3点に加え、ここ数年、消費者の間で2つの要望がとみに高まっていることを感じる。製品やサービスが何であっても、最近の消費者はインディビデュアライゼーション〔個別対応〕とパーソナライゼーション〔個人の興味・関心・行動に合わせた最適化〕に、ますます関心を寄せているようだ。

インディビデュアライゼーション

顧客は、自分好みに細かく調整されたものを買いたいと望んでいる。その傾向は、できるだけ多くの人に製品やサービスを提供したいと考えている企業にとっては頭の痛い課題だろう。だが、企業の都合など顧客には関係ない。彼らはただ、決められた選択肢から選ぶだけの買い物はしたくないと思っているのだ。

サブウェイは、サンドイッチに載せるレタス、ブラックオリーブ、おろしチーズ、ハラペーニョの量を、お客様が自分の好みで選べるようにすることで、市場のトップに立っている。自動車業界でも、すでに何年も前から、オプションやガジェットが多いほど新車の販売台数が増えることが知られている。

カリフォルニア州デイナポイントにあるリッツ・カールトン・ラグナニゲルで、チェックアウト・タイムについて、お客様から苦情が寄せられていることに私は気づいた。特に日曜日に苦情が多かった。お客様は週末の朝、心ゆくまで眠りを楽しんでからビーチに遊びに行きたいと思って、ホテルに泊まっている。そのため、正午のチェックアウトに時間的プレッシャーを感じているようだった。

そこでチェックアウト・タイムを午後3時に変更したところ、苦情はピタリとやんだ。

もちろん、その変更によって人員配置を変えなくてはならなかったし、部屋を素早く整えるために、午後の遅い時間帯にハウスキーパーを増やす必要もあった。しかし、それによってお客様に満足してもらえたことを思えば、小さな代償にすぎない。

その後、私たちは、「そもそも、お客様にチェックアウト・タイムを押し付ける必要があるのだろうか？」と自問した。

お客様の行動パターンを調べた結果、大半のゲストはホテルが決めた時間とは関係なく早い時間にチェックアウトしていて、次のゲストの受け入れに支障が出るような状況ではないことがわかった。だとすれば、なくてもいいルールを決めてゲストに押し付けていることになる。そんな必要があるだろうか。そう考えて、私たちはチェックアウト・タイムなるものを完全に廃止した。

別のホテルでの話だが、ハウスキーパーが部屋のゴミ箱を片付けていたとき、ゲストがクラブ・ラウンジから取り寄せたチョコレートチップ・クッキーからナッツを取り除いて食べていたことに気づいた。そこでそのハウスキーパーはどうしたか？　どうでもいいことだと考えて何もしなかった？　そうではなかった。シェフに、このお客様は明らかにナッツが好きではない、と報告したのだ。翌日の夜、そのゲストが部屋に戻ったとき、ベッドサイド・テーブルの上には、ナッツの入っていないチョコレートチップ・クッキーのトレイが置かれていた。彼女は個別対応をまったく新しいレベルに引き上げたと言える。特別な状況の下では、個々のお客様にフォーカスした対応によって、きわめて大きな違いが生まれることがある。サウスウエスト航空は、ペギー・アールという乗客への素晴らしい対応によって、大いに賞賛された。2015年のことだ。

そのときペギーは、シカゴのミッドウェイ空港からオハイオ州コロンバスに向けて離陸する直前の機中にいた。突然、客室乗務員が近づいてきて言った。「申し訳ありませんが、降りていただかなくてはなりません。ご案内しますので、一緒に来ていただけるでしょうか」

ペギーは、乗る飛行機を間違えたのだろうかと思った。しかし、搭乗ゲートに戻ると、すぐにサービスデスクに案内され、夫に電話するように言われた。ペギーはその電話で、デンバーにいる息子が頭部に重傷を負って意識不明であることを知ったのだった！

もちろん、コロンバスに飛ぶ理由など一瞬で吹き飛んだ。ペギーは一刻も早く息子の顔を見たいと思った。サウスウエスト航空のチームはそれを見越して、次のデンバー行きのフライトにペギーの席を確保していた。コロンバス行きの機体から荷物を回収し、タグを付け直し、プライベートな待合室を提供し、デンバー便を待つ間の昼食もペギーのために用意した。

数時間後、思いやりのある航空会社のおかげで、母親は病院のベッドサイドで息子に寄り添うことができた。その後、息子の容態は徐々に快方へと向かったのだった。

後日、取り乱していたそのときのことを振り返って、ペギーは言った。

「これ以上ありえないほどの配慮と親切をしていただきました。これまでもずっとサウスウエスト航空が好きでしたが、その素晴らしさをどう表せばよいのか、言葉が見つかりません」（出典1）

パーソナライゼーション

この世界に、自分の名前ほど耳に心地よい音はない。誰も「W49836Q7」などという顧客番号で呼ばれたいとは思わない。名前で呼ばれたいと思っている。人をその名前で呼ぶことは、その人に価値を認めていることの証《あかし》だ。

ホテルビジネスでは、ドアマンはタクシーからスーツケースを下ろすとき、タグに書かれているゲストの名前を確認するよう指導される。ゲストがタクシーに支払いを済ませてクルマから降りたら、すぐに「いらっしゃいませ、ジョンソン様」とあいさつするためである。

もちろん、パーソナライゼーションには細心の注意が必要だ。発音が難しい場合、間違った名前であいさつするぐらいなら、名前は呼ばないほうがよい。7月生まれのお客様に、間違って10月にバースデーカードを送らないようにしなくてはならない。そんな間違いは、プラスよりマイナスのほうが大きい。

顧客のニーズも好みも変化する

お客様の要望はわかっている、と言いたい人もいるだろうが、消費者の好みは変わる。私がホテルビジネスの舵取りを始めたころに行った調査では、いちばん忙しい夕方のチェックイン・タイムには、お客様は自分の番が来るまで、4分間までなら待ってもかまわないと思っていることが確認できた。そこで私たちは、2分お待たせしたらスタッフが声をかけ、ソフトドリンクを出すことにした。

しかし、最近のお客様はそれほど辛抱強くはなく、ものの20秒でそわそわし始める。そのため、私たちはレセプショニストを増やす必要があった。

常に変化し続ける市場動向や消費者心理に対して、企業は後れを取ることもあるし、先を行き過ぎることもある。どちらも失敗である。

私はそのことを、リッツ・カールトンで最初に電子式のビング・カードキーを実装したとき、手痛い経験とともに学んだ。当時、私たちは最先端のテクノロジーを導入できたことを誇りに思っていたが、お客様からこう言われた。「このペラペラのプラスチックは何なの？　ここはラグジュアリー・ホテルでしょう？　本当のルーム・キーを用意するお金もないんですか？」

私たちは大慌てで元の金属製の鍵に戻した。

その3年後、プラスチック・キーが受け入れられるようになった。お客様は電子ロックに慣れてきて、昔ながらの金属製の鍵は危なっかしいと思うようになった。「もし鍵を落としてしまって、誰かが拾ったらどうなるんですか？」

私たちは再びカード・キーに変更しなければならなかった。

最初にボイスメールを導入したときも、同じことが起こった。私は今後これが当たり前になると思ったが、お客様の反応は違った。「もう手書きのメッセージは届けたくないということですか？　この安っぽい器具は何ですか？」

その反応を見て、私たちはしばらく紙と電子を併用した。だが、ボイスメールがオフィスでも家庭でも広まり、抵抗感がなくなってシステムが簡素化されるのに、それほど時間はかからなかった。

これらはすべて、お客様の嗜好が変化することを物語っている。お客様の好みなら承知していると思う人もいるだろうが、そうだとしても来年、再来年と、把握し続ける必要がある。企業もリーダーも、常に状況に合わせる努力を続けなくてはならない。

満足させるべき顧客グループは1つではない

リーダーはしばしば、複数の利害関係者のニーズを理解して全員に満足してもらわなくてはならない、難しい立場に立たされる。

たとえば赤十字は、洪水で家を失った人々のために活動するだけでなく、義援金を寄付してくれる人にも働きかけなくてはならない。校長先生は、生徒の保護者だけでなく、州政府や連邦政府で教育行政に携わっている担当者にも配慮しなくてはならない。工場長なら、販売業者とも労働組合とも良好な関係を維持しなくてはならない。

株式を公開している小売企業なら、モールに足を運んでくれるお客様だけでなく、ウォールストリートの投資家たちをも喜ばせる必要がある。うまくいけば、満足したお客様がもっと買ってくれ、ひいては投資家も満足してくれるだろうが、いつもそううまくいくとは限らない。

そこで、リーダーは複数の課題をジャグリングしなくてはならなくなる。どの利害関係者も置き去りにすることは許されない。そんなことをしたら明日はない。リーダーは、すべての人にとって望ましいビジネスをしていることを証明しなければならないのである。

詳細は次章以降で論じるが、ここでは要点だけ指摘しておこう——お客様にとって意味があることは何かを正しく理解することが、決定的に重要である。そして、それは簡単なことではない。

CHAPTER

2

顧客サービスを すべての社員の仕事にする

CUSTOMER SERVICE IS EVERYBODY'S JOB

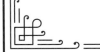

「心からのあいさつ」はあるか

私が「顧客サービス《カスタマー》」という言葉を口にすると、まだ何も話していないのに、みんなが同意してうなずいてくれる。「もちろんです、顧客サービスはすごく重要です。優れた顧客サービスを提供しなくてはやっていけません」

だが、確信を持って言うが、「顧客サービス」という言葉は正しく理解されていない。銀行やホテルなどサービス業の会社でも、経営トップに顧客サービスとは何かとたずねたら、漠然とした一般論しか返ってこない。そんなとき、私はさらに次のようにたずねる。

「サービスについて、社員に何を教えていますか？　どういう方法で教えていますか？」

これに具体的な答えが返ってくることは、ほとんどない。

私は、マーク・トゥエインが言ったという有名な皮肉を思い出す。

「誰もが天気について話すが、天気を何とかしようとする人はいない」

天気が相手では何もできないかもしれないが、顧客サービスならできることがある。

「顧客サービス」と聞いて、店の隅に設けられたカウンターや、若いスタッフがきつい訛《なま》りの英語でマニュアル対応をしているインドのコールセンターを連想した人は、顧客サービスというものを完全に取り違えている。

顧客サービスはお客様が苦情を言ってきたときから始まる、と思っている人があまりにも多すぎる。怒っている客をなだめるのが顧客サービスだと思っているのだ。

しかし、これほど正解からかけ離れた理解はない。**顧客サービスは、あなたとお客様が接した最初の瞬間から始まる。**

顧客サービスは店の入り口、あるいは電話の最初の呼び出し音から始まる。サービスの第一歩は、**お客様を心から歓迎する**ことだ。まだ何も買ってくれていなくても、買う気があるかどうかわからなくても、訪ねていただいてうれしい、電話していただいてありがたい、という感謝を表明するのだ。

私はホテルのスタッフに、お客様が**3メートル**の距離まで近づいたら、何はさておき、歓迎の気持ちを表しなさいと教えている。直ちに、真心を込めて、「いらっしゃいませ」とか、「おはようございます」といった言葉をかけなくてはならない。そうでなければ、お客様は内心こう思い始める。もしかして場所を間違えたのだろうか？　自分はここにいていいのだろうか？　しかし、即座にあたたかい歓迎を受ければ、無意識のうちに前向きな気分になり、もっと見てみよう、話を聞いてみようという気持ちになってくれる。

「3メートルの距離」と言ったことに注意してほしい。10メートルではない。お客様が店に入ってきたとき、4列離れたラックで商品を並べている店員が、「ジョーズ・バーゲンハウスへようこそ!」と声を張り上げても何の意味もない。心からのあいさつでないことは、誰にでもわかる。私が言っている歓迎のあいさつは、そんなものではなく、誠実でパーソナルなものだ。

私は長年かけて何十万ものコメント・カードを分析してきたが(前述の調査会社のJ・D・パワーに手伝ってもらって)、それでわかった興味深い事実がある。お客様とホテルの接触のうち、最初の4つ——たとえば電話予約オペレーター、ドアマン、ベルパーソン、レセプション・クラークとの接触など——が気持ちよく完了すれば、その後の滞在でお客様から苦情が出ることはほぼ皆無である、ということだ。ところが、最初に何か気まずいことがあると——たとえばチェックインに手間取りすぎた、部屋の掃除が不十分だった、料理が冷めていた、などの不手際があると——その後も次々と不満が出てくる。場合によっては、ありもしないことで苦情を言われることさえある。要するに、お客様の気持ちは最初の接触で決まってしまうということなのだ。

お客様の希望に寄り添った対応

顧客サービスの2番目のステップは、**お客様の要望に添った対応をすることだ**。ここで大事なことはお客様の意向であって、あなたの事情ではない。あなたは売りたいと思っている。当然だ。しかし、大切なのはお客様がどう考えているかだ。

だから、こう言わなくてはならない。

「よろしければ、お手伝いしましょうか？　何なりとお申し付けください」

そして、お客様の言葉に耳を傾ける。お客様が何を考えているかを、頭をフル回転させて探り当てる。はっきりした答えが返ってこないかもしれないし、探しているものをうまく説明できずに手こずるかもしれない。そんなとき、あなたは探偵のようにならなくてはならない。

たとえば自動車修理工場では、特にサービスマネジャー（「サービス」という言葉が付いていることに留意してほしい）はそのことを心がける必要がある。クルマで乗りつけたドライバーが、「変な音が聞こえるんだけど、どこに不具合があるかわからないんです」と言ったとしよう。クルマを持ち込むぐらいだから、心配はしている。でも、エンジンフードがきっちり閉まっていないといった単純な理由かもしれないし、トランスミッションが完全にダメになっているのかもしれない。とにかく、サービスマネジャーはクルマの問題を把握し、お客様の懸念に対処しなければならない。

きちんとしたお別れのあいさつとは

お客様をしっかり歓迎し、要望にもしっかり応えることができたら、次は顧客サービスの最終段階——**きちんとお別れのあいさつをする**ことだ。「ご来店、ありがとうございました」とか、「お役に立ててうれしいです」といった言葉を忘れないことが大切だ。

NBCのアンカーマン、ホセ・ディアス＝バラルトは、ホストを務める週末の番組の終わりに必ずこう言う。「週末の貴重なお時間、番組をご覧いただいてありがとうございました」。彼は全米に名を知られる高額のギャラを得ているジャーナリストだが、視聴者には自分の番組を見る義務などないことをわきまえている。視聴者が自分の意志で番組を見てくれたことに、心からの感謝を表明しているのだ。

心のこもったお別れのあいさつで見送ってもらったお客様は、また来ようと思ってくれるかもしれない。嫌な思いをしていたとしても、真心からのあいさつで、それが信頼に変わることもある。お客様は心の中でこう言っているかもしれない。「ここの人たち、私のことが好きみたい。また来ようかしら」

顧客サービスはお客様と接する人だけの仕事ではない

顧客サービスとは、実際にお客様と接する社員だけの仕事ではない。お客様とダイレクトに接することはなくても、組織の中でほかの社員のために仕事をしている人にとっての仕事でもある。すべての仕事がつながって、その会社の顧客サービスが成功するか失敗するかが決まる。

レストランでは、キッチンで腕をふるうシェフ〔料理長〕は、ウエイターにサービスを提供する。遠くからでも見える高いコック帽を頭に載せて、大声で全員に指図するシェフがキッチンの主役だと思われがちだが、全然そんなことはない。コック〔料理人〕がつくる料理はお客様を喜ばせなくてはならない。さもなければウエイターが文句を言われる。シェフは、ウエイターを社内にいる自分のお客様だと思わなくてはならない。シェフのサービス〔料理〕を最終的なお客様のもとに届け、全従業員の給料の元となるお金を払ってもらうのはウエイターだからである。最高のシェフがどんなに素晴らしい料理をつくっても、ウエイターがお客様にぞんざいな態度で接したら、サービスの流れはそこで遮断されてしまう。

あらゆる部署のすべての社員は、誰が自分にとっての社内のお客様であるかを把握しておく必要がある。それを知らない社員、あるいは間違った理解をしている社員がいたら、正しく認識できるようにリーダーが助けなくてはならない。

誰が社内の顧客かわかれば、その人に対して、「あなたの仕事を改善するために、私に何ができますか?」「あなたがお客様にもっと良いサービスを提供できるように、私はあなたに何ができるでしょうか?」とたずねることができる。こうなってはじめて、顧客サービスが組織全体でスムーズに回り始めるのだ。

昨日入ったばかりの皿洗いから経営トップまで、ホテルで働く全員が、自分のいちばんの仕事は、お客様に満足していただくために協力することだと肝に銘じる必要がある。レストランのお客様がウエイターに「スプーンが汚れている」と言ったら、それは皿洗い担当者の責任だ。その瞬間、そのレストランの顧客サービスは、すべて台無しになる。

自分の仕事をストップしてでも仲間の仕事を助ける

社内業務を担当する従業員にも、折々にお客様と接する機会はある。お客様が外出中に部屋を掃除してベッドを整えるメイド〔客室係〕も、廊下でお客様とすれ違うことはある。そんなとき、笑顔であいさつができなくてはならない。何かわからないことがあってお客様が困っていたら、親切に回答できなくてはならない。少なくとも、質問に答えられる誰かに迅速に取り次ぐ必要がある。

ある日、国際的ベストセラー『7つの習慣』の著者として有名なスティーブン・コヴィーが、私が経営するホテルのロビーでソファーに座っていた。そのロビーの一角で、メンテナンス担当者が**梯子《はしご》に上って**作業をしていた。

そのとき窓越しに、歩行器を使って歩いているご婦人が、ハンドバッグ、パッケージ、鞄を抱きかかえるようにして、入り口のドアに近づいてくるのが見えた。それに気づいたメンテナンス担当者はすぐに梯子から下りて、彼女のためにドアを開け、押さえてあげた。

その様子を見ていたコヴィーは、メンテナンス担当者にどうしてもひとこと言わずにいられなくなった。

「さっき、荷物を抱えた女性に親切にしてあげていましたね」

彼はこう答えた。「はい、私たちは全員、そうするように教えられているのです」そして、ホテルの「クレド」〔信条〕と24カ条の「サービス・スタンダード」〔第8章参照〕が記された小さな折りたたみカードを、お尻のポケットから取り出した。

「見てください。4番目にこう書かれています。『お客様に効果的にサービスを提供するために必要なら、いま自分がしている仕事を止《や》めてでも、従業員同士で助け合わなくてはならない』」

コヴィーは感心してたずねた。

「従業員のみなさんは全員、これを持っているんですか？」

「そうです」、メンテナンス担当者は答えた。「勤務が始まるとき、毎回1つずつ復習するので、1カ月で1回、全部を繰り返し学ぶことになります」〔出典1〕

その出来事があってまもなく、私はコヴィーから電話をもらった。

「今度アトランタに行くときに、ぜひお会いしたいのですが」

それが、2012年にコヴィーが亡くなるまで続いた、長く心あたたまる友情の始まりだった。

あるビジネスコンサルタントが、どこかにこんなことを書いていた。問題を抱えた何十もの企業を手助けしてきたコンサルタントだったが、うまくいかなくなった会社で社員の話を聞いていると、共通して耳に入ってくる2つの危険信号がある、というのだ。

最初の危険信号は、「彼ら」という代名詞だ。この言葉が使われるとき、部門間や上下間の連携がスムーズにいっていないことが露呈する。「そうしたいが、彼らがさせてくれない」「彼らのせいで失敗した」「彼らが理解してくれない」といった言葉には注意が必要だ。

危険信号の2つ目は、「それは私の担当ではない」という言葉だ。言い換えれば、私は自分のタコ壺の中で気持ちよくやっているのだから、引っ張り出して別のことをさせようとしないでくれ、ということだ。

私が「カスタマーサービス」という名前の部署を設けたいと思わないのは、これが理由だ。そういう部署があると、ほかの従業員が、顧客とのトラブルや顧客へのサービスのことは考えなくてもよいと誤解してしまう。そういうことは「カスタマーサービス」の人間の仕事だ、という暗黙のメッセージを発してしまいかねない。それはとんでもなく間違った認識である。

そうではなく、すべての企業が目指すべきゴールは、すべての活動（「いらっしゃいませ」のあいさつからフロアのモップがけまで）を通して、お客様に、もう一度買おう、使おう、来よう、と思ってもらうことなのだ。これは、特定のタスクがぬかりなく行われているか監視していさえすれば達成できるような、ちまちましたゴールではない。このゴールが達成できれば、価値ある印象をお客様に与えることができる。

ベネディクト会の精神に学ぶ

他者に仕えるという姿勢は何ら新しいものではなく、最近流行《はや》りのサーバント・リーダーシップ論で初めて出てきたものでもない。その起源は、少なくとも中世までさかのぼることができる。

聖ベネディクト（西暦480－547年）の名前を聞いたことがあるだろうか。彼は、修道院を訪れる人をどのようにもてなすべきか、事細かな手引きを書いた。そのごく一部を紹介しよう。

- 客人が訪れたら、キリストをお迎えするように迎え入れなくてはなりません。
- 客人の到着を知らされたら、修道院長または修道士1人が、慈悲の心を尽くしてお迎えしなさい。

● 到着した客人や出発する客人には、完全な謙虚さを持ってあいさつしなさい。頭《こうべ》を垂れるにしてもひれ伏すにしても、キリストに対してするようにあいさつをしなさい。
● 客人を受け入れた後は、修道院長またはその任命を受けた者が、客人と一緒に腰を下ろして……（後略）
● 修道院長は客人に手を洗うための水を差し上げ、修道院長と修道士とですべての客人の足を洗いなさい。（出典2）

もちろん、現代のホスピタリティー業界ではここまではしない。しかし、お客様を迎える際の大切なポイントは、ここから学び取ることができる。ベネディクト会の修道士と較べて、お客様に対する接し方に改めるべき点はないか、私たちは自らに問わなくてはならない。

聖ベネディクトは、修道士の台所仕事についても、柔軟な働き方を心がけるべきであるとして、次のように書いている。

台所で働く修道士には、必要な助けがすべて与えられなくてはなりません。不平不満を抱かずに仕事ができるようにするためです。反対に、しなくてはならない仕事が多くない場合には、そのときできるほかの仕事を何でもしなくてはなりません。台所だけでなく、修道院のすべての勤めにおいて、同様の心構えで働くべきです。そうすれば、必要としている人に助けが届くでしょう。再度言いますが、仕事が多くない場合には、できる仕事は何でもしなくてはなりません。（出典3）

サービスには、相手のことを気にかけるという意味がある。あなたも私も、聖ベネディクトや修道士たちのような宗教心は持っていないかもしれないが、彼らと同じように相手を慈《いつく》しむ心を持つことはできる。

顧客サービスを部署名や掛け声だけで終わらせるのではなく、現実のものにするためには、ふさわしい人材を雇い、最初からしっかりと方向づけし、サービス重視の価値観を何度も繰り返し教えなくてはならない。すべての社員には、お客様にロイヤルティ〔企業への強い愛顧・忠誠心〕を持っていただくうえで果たすべき役割がある。それにはただ一人の例外もない。

もし顧客サービスより重要性の低い目標を達成して満足するなら——たとえば予算を達成する、不況時にも雇用を守るといった目標——最も重要な仕事で失敗することになるだろう。予算達成も雇用維持も、顧客サービスの結果としてもたらされるものだからである。

サービスの本質は細部に宿る

常日頃行っているささやかなことが、お客様に伝わる。たとえばお客様は、私たちが日頃どんな話し方をしているかを聞いている。

私は高校をドロップアウトしたインナーシティの若者たちを雇い、リッツ・カールトンの仕事をさせている。彼らはホテルの仕事を、洗練された態度で立派にこなしてくれている。なぜそんなことができたのか、お教えしよう。

彼らが新しく加わったときは、お客様にあいさつするときには、「ハーイ」とか、「調子どう?」などと言ってはならない、というところから教えなくてはならない。「いらっしゃいませ」とか、「おはようございます」と言わなくてはならないと教える。お客様に何かを頼まれたときは、「了解」とか「いいですよ」ではなく、「かしこまりました。喜んで」とか、「お役に立てて何よりです」と言うように教えなくてはならない。

お客様に呼びかけるときは、「みんな」とか「そっち」ではなく、「お客様」「お連れ様」「みなさま」と言わなくてはならないことも教える。

なぜ、そんな言葉遣いをするのか? それはお客様が、敬意を払ってもらいたい、自分を重要な存在だと認めた対応をしてほしい、と願っているからだ。「こんにちは」「いいですよ」では、その期待に応えることはできない。

1983年に、私はリッツ・カールトンの本社をアトランタに置き、以来、この街に住んでいる。ここで私は、立派な企業のリーダーたちと知り合った。たとえば、ファストフードのチックフィレイ（Chick-fil-A）〔鶏肉料理で米国2位のファストフード・チェーン〕だ。

相談に乗ってほしいということで、何度か会社に招かれたことがある。

いまから話すのは、数年前に訪問したときのことだ。私はチックフィレイの幹部社員を相手に、お客様に対する正しい言葉遣いを従業員に教えたという話をしたのだが、最後にひとこと注意点を付け加えた。

「もちろん、ファストフードとホテルは違います。ホテルの言葉遣いは、みなさんの市場セグメントには適さないでしょう。みなさんのビジネスでは、たぶん、もっとカジュアルな雰囲気のほうがしっくりくるでしょうね」

私の話が終わると、幹部社員たちはどんな言葉遣いが自分たちにふさわしいか、ブレーンストーミングを始めた。

ところで、思慮深い創業者、S・トゥルエット・キャシーも、部屋の後ろのほうで私の話を黙って聞いていた。誰かが、チックフィレイでは「OK、大丈夫ですよ」で問題ないだろう、という意見を述べた。そのときのことだった。全員の背中から、彼の声が聞こえた。

「〝かしこまりました、喜んで〟がいいと思う」

私は慌てて言った。

「リッツ・カールトンではそう言っていますが、こちらでもそのとおりにやるべきだとは限りません。御社の店舗ではどんな言葉遣いが適切か、考えてみてください」

議論が再開された。

しばらくすると、再び部屋の後ろから声が飛んできた。

「〝かしこまりました、喜んで〟がいい」

議論はその一声で終わった。

あそこのサービスはレベルが高いと思う人が増えてくると、そのマーケット全体に評判が定着する。自分の目の前にいるスタッフが、親しみを込めてあいさつしてくれて、敬意を表してくれて、問題を解決してくれて、いい気持ちにさせてくれて、おまけに「サービスする機会を与えていただいてありがとうございました」とまで言ってくれたら、そのお客様は、このホテルはメイドもコックも、帳簿係も守衛も、みんなこんなふうに気持ちのいい人ばかりに違いない、と思うのではないだろうか。

そこの従業員が転職する場合でも、「これまで○年間、○○○で勤務していました」と言えば、その会社の評判のおかげで、働き口を早く決めることさえできるだろう。

問題は根っこから断ち切る

すべてがスムーズに進むような職場はどこにもない。それは私も嫌《いや》というほど体験済みだ。大切なことは、問題が発生したら顧客サービスの流れを隅々まで確認して、どこに欠陥があったのかを突き止め、修正することだ。

それは、口で言うほど簡単なことではない。1980年代半ばにアトランタのバックヘッド〔高級店やアートギャラリーなどが並ぶ地域〕で最初のリッツ・カールトンをオープンしたとき、私はそのことを学んだ。

そのホテルでは、ルームサービスは注文後30分以内に届けます、とお客様に約束していたのだが、どうやらその約束が守られていないらしいと気づいた。実際、お客様からの苦情でいちばん多かったのが、朝のルームサービスが遅いという苦情だった。

知識も経験も乏しかった当時の私は、ルームサービスの責任者をオフィスに呼びつけて言い渡した。「ちゃんとやってください。同じ苦情はもう聞きたくない。いいですね！」

当然、彼は言った。「わかりました、ミスター・シュルツ。問題を解決します」

だが、苦情はやまなかった。

お客様は朝起きると、電話で朝食を注文する。「できるだけ早く頼むよ、会議があるから」

ところが、なかなか朝食が届かない。腹を立てながら、コーヒーを一口飲んで部屋から飛び出していかなくてはならない。ウエイターはというと、いらいらした気持ちでエレベーターを昇り降りするが、間に合わなかった食事は捨てるしかなく、チップを受け取ることもできない。

その後数年でさらにリッツ・カールトンをオープンさせたため、私の責任範囲は広がった。だが、バックヘッドにあるホテルでは、ルームサービスの苦情はいっこうに減る兆しがなく、頭痛の種となっていた。

そのころ私は、マルコム・ボルドリッジ賞を獲《と》るための品質管理について勉強していた。そこでは、ミスや欠陥を完全になくすためには、まず根本原因を突き止めなくてはならないと強調されていた（出典4）。それはどんな組織にとっても、継続的改善のために不可欠なことだ。

そこで私は、部署に関係なく、ルームサービスに関係のあるスタッフ――オーダー・テイカー、コック、バスボーイ、ウエイター——を一室に呼び集めて言った。「みんなでこの問題の原因を見つけてほしい。調査を続けて、気づいたことを週に2回、総文配人に報告してください」

彼らはルームサービスの流れを順にたどりながら、問題がどこにあるかを考えた。その結果、次のことがわかった。

- ゲストからの注文を電話で受けた担当者は、オーダー内容を正確に書き留めていた。(問題なし)
- ウエイターは注文を読み、内容に応じて、配達用のトレイにナイフやフォーク、ナプキンなど必要なものを準備していた。(問題なし)
- コックは注文を受けると、直ちに料理した。(問題なし)
- ウエイターはトレイを肩に担いで厨房を飛び出した。そして……1階の業務用エレベーターの前で、22階まであるホテルのフロアをエレベーターが上下するのをいらいらしながら待った。ときには15分も。(問題発見!)

どうしてこんなことが起こるのか?

原因究明チームはここで、エレベーターが来ないのはなぜか、という問題に焦点を絞って原因を探り始めた。

朝食の時間帯は当然、業務用エレベーターは混雑する。それは全員が知っている。ハウスキーパーが一斉に、各フロアを上ったり下ったりして客室に向かい、必要な物を運び込んでいる時間帯だからだ。

原因究明チームは、ホテルのエンジニアに電話した。「どうもエレベーターが変なんだ。時間がかかりすぎる。原因を知りたいから、検討チームに加わってくれないか」

エンジニアはミーティングに加わることには同意したが、機械に問題はないと言った。その判断を裏付けるためにエレベーターの仕事をしたオーティス社の担当者も呼んで検査させたが、機械には問題がないことが確認された。

そこで原因究明チームは、メンバーの1人を午前中の業務用エレベーターに乗り込ませ、何が起こっているのか観察させることにした。そもそも、1階から最上階に昇る場合でも、最上階から1階に降りる場合でも、2分以上かかるはずはないのだ。途中で乗り降りがあるから4分ぐらいかかってもおかしくはないが、断じて15分ということはないはずだ。

観察役のメンバーは、業務用エレベーターに小さなスツールを置いてスタンバイした。エレベーターは1階を出発すると4階で停まった。ハウスマンが乗り込んできた（ハウスマンというのは、各フロアで作業しているメイドに、リネンや石鹸やシャンプーなどを配ってまわる担当者だ）。彼は5階のボタンを押した。5階でドアが開くと、自分が離れている間にドアが閉まってしまわないように木製のストッパーをあてがい、サプライ室に行き、そこからリネン〔シーツ、タオル類〕を抱えて戻ってきた。6階でもストッパーをあてがい、5階で取ってきたリネンをどこかに届けてエレベーターに戻ってきた。そんなことが、いくつもの階で繰り返された。

これでは、食事を載せてキッチンを出発したトレイが客室にたどり着けないのも当然だ。原因究明チームはハウスマンを問い詰めた。「なんでこんなことをやっているんだ？」

彼は静かに答えた。「リネンが足りないからです。ベッド1つにつき2セットしかリネンがないんです。1つはベッドの上、もう1つはランドリーにある。ほんとうは、交換用にもう1セット必要なんです。でも、ないから、いつもリネンを奪い合っているような状態です」

そこで今度は、ランドリー・マネジャーが原因究明のミーティングに呼ばれた。このホテルの開業当初からその仕事をしている古株だ。

「どうしてフロア間でリネンを取り合うのですか？」と究明チームが問いただした。

「ベッド1つに2セットしかリネンがないからです」

「どうして？」

「開業するとき、予算の関係で、シュルツさんがリネン1セットの経費を切り詰めたからです」

ルームサービスが遅い根本原因が、ついに明らかになった。なんのことはない、犯人は私だった！　私は理不尽にも、無実のマネジャーたちを困らせていたのだった。もちろん即座に、ベッド1台当たりもう1セットのリネンの追加購入を承認した。するとルームサービスに関する苦情は、たちどころに70％以上も減った。

それにしても、この問題のせいで、何人のお客様が私たちのホテルから離れていったことだろう。エレベーターの昇降にこれほど手間取ったことで、どれほどの時間が無駄に費やされたことだろう。もらえたはずのチップがもらえず、何人のウエイターが不満を溜め込んだことだろう。そして、どれほどの食材が廃棄されたことだろう。

顧客サービスの問題は――いや、それに限らずあらゆる問題は――発生現場から5段階も離れた場所に原因があることもある。だから、カウンターでお客様に対応する担当者が孤軍奮闘しても、問題は解決できない。問題が生じた業務に少しでも関係している全員が知恵を絞って考えなくては、真の解決には至らないのだ。この先もお客様に利用していただくために、全員が全力で、考えられることはすべて行う覚悟を決めなくてはならない。

このようにして問題の根本原因を探り当てることで、そのつど顧客サービスを向上させることができ、長期的なコスト削減効果を上げられる。お客様にも、従業員にも、会社にも、全員にプラスとなる、究極のウィン・ウィンがもたらされるのである。

CHAPTER

3

4つの重要課題に集中する

FOUR SUPREME OBJECTIVES

成功のための4つの最重要課題とは

サービスを問題なく提供することは容易ではない。顧客（クライアント、会員、有権者）の中には、理不尽な不満をぶつけたり、無理な注文をする人もいる。顔を思い出すと憂鬱《ゆううつ》になる相手がいるかもしれない。喜んでもらおうとしてもこちらの腹が立つだけ、というのもわからないではない。

だが、どんなに頑張っても、お客様を完全に満足させることはできないという考えを前提にしてしまうと、顧客サービスのために努力しようという気力が萎《な》えてしまう。それは長期的に見て、あなたのビジネスを毀損することにつながる。

長年にわたって何千ものコメント・カードを分析した結果、私は、お客様の2％は何をやっても満足してくれないと言って間違いないと思っている。理屈の通じない人、無理なことを要求する人がいるということだ。98％のお客様を不快にさせて、それを楽しんでいる節《ふし》さえある。私はこの少数に属する人たちを「不愉快な客《ジャーク・ファクター》」と呼んでいる。

しかし、そんな人たちに対してさえ、ホテルで働く者自身は紳士淑女であることをやめてはならない。相手が理解しようとしまいと、喜んでくれようとくれまいと、私たちは紳士淑女であり、そうであり続けなくてはならないのだ。

成功したければ、次の4つの最重要課題から逸《そ》れてはならない。

①既存のお客様を維持する（つなぎとめる）。
②新規のお客様を獲得する。
③お客様にできるだけ多く利用してもらう（買ってもらう）。ただし、第1の命題を忘れずに。
④以上のことをもっと深く、多く、効率よく実行できるよう、常に向上を目指す。

あなたの事業が何であれ——製造、小売り、金融、教育、社会活動など——この4つがあなたの任務だ。周囲の雑音がどんなに大きくなっても、どんなに忙しくなっても、これを見失ってはならない。絶えず向上を目指す必要がある。

非営利団体が行っているファンド・レイジング（資金調達）の世界では、多くの組織が、毎年、寄付者の30％が離れていくことを想定して事業運営をしていると聞く。経験則により、そういうものだと受け入れているのである。したがって、前年並みの予算を維持するためには、寄付をしてくれる人を毎年、新規に開拓しなくてはならない。

亡くなって名簿から外れる人もいるだろうが、寄付したお金の使われ方や、支援要請アピールに魅力を感じなくなって離れていく人はどうだろう。なぜ離れていったのだろう？どうすれば、そういう人たちの気持ちをあらためて奮い立たせ、よし、この組織をサポートしてやろうという気にさせられるだろう？

実際、「元寄付者」のリストを組織間で売買する、ダイレクトメールのための名簿ビジネスがあるという話も聞く。ある目的に共感して寄付をしていたけれど、それをやめた人（やめた理由は神のみぞ知るだ）の名前と住所が、1000人当たり何ドルといった値段を付けて売買されているのだ。それまでサポートしていた組織に満足できなくなったのなら、別の組織に寄付することを考えてみてはいかがですか、というわけだ。新規獲得はつなぎとめより高くつくことはよく知られているが、こういうやり方が当然のことのように思われている。

上から下まで組織の全体がお客様を維持し続けることにコミットし、お客様を理解し、お客様の期待に応えるために骨身を惜しまず働くなら、素晴らしい成果を上げることができるだろう。

問題のあるお客様にどう対応するか

ここで、こんな声が聞こえてきそうだ。「そうは言うけれど、シュルツさん、絶対に無理な人がいますよ。喜んでもらうことなど絶対に期待できない人が、現にいるのです」

顧客が違法なことを望んでいる場合は、たしかに要望に応えることはできない。しかるべき機関に知らせる必要がある。そういう場合は、お客様を喜ばせることなど問題外だ。しかし、そういう例外を別にすれば、知恵を絞れば何かしら創造的な方法が見つかるものだ。

ホテルビジネスでは、きわめて稀にだが、あまりにも不愉快で投げ出したくなるようなゲストに遭遇することがある。世界に50以上あるリッツ・カールトン・ホテルだが、そのすべてにおいて、ゲストに退去要請を行う権限は私だけが持っていた。私が設けたポリシーで、その権限は誰にも委譲しなかった。

ある日、アトランタの支配人が電話をかけてきて、こう言った。「ホルスト、こちらに滞在10日目のゲストがいるのですが、毎朝私のオフィスにやってきては、あれこれ苦情を言い立てていきます。このホテルで私たちがすることは、とにかくすべて間違っていると言わんばかりです。それだけではなく、その人はクラブレベル（個々のゲストに常駐の専任コンシェルジュがつく、リッツ・カールトンのサービス区分〕のゲストなんですけど、女性コンシェルジュ２人の腕をつかむ乱暴をしたのです。彼女たちは当然、動揺しています。私からこのゲストに申し出て、お引き取り願ってもいいでしょうか？」

暴行罪で警察に通報するには物証に乏しかった。当のコンシェルジュ以外、暴力行為を目撃した人はいなかったし、セキュリティビデオにも映っていなかった。しかし、これは由々しき事態で、放置することはできなかった。

そこで私は、マネジャーにこう伝えた。

「わかった、ではこうしてくれたまえ。その1。その客が部屋を離れたら、ドアを二重にロックして、部屋に入れなくする。その2。アトランタにある別のファーストクラス・ホテルに、彼の部屋を予約する。その3。リムジンを待機させて彼の帰りを待つ。彼が文句を言いにきみのオフィスに来たら、こう言うんだ。〝ジョーンズ様はこの10日間、私どもがさせていただいたあらゆることにご不満のようでした。すべてのお客様に喜んでいただくのが私どもの仕事なので、ジョーンズ様にご満足いただける別の方法をご用意しました！　別の素晴らしいホテルにお移りいただけるよう、手配させていただきました。すでに予約をしてございます。リムジンも待たせております。ご満足いただけるとよいのですが〟」

マネジャーは私の指示どおりに行動した。当然というべきか、その男は烈火のごとく怒り、数分も経たないうちに私に電話をかけてきた。まくしたてる彼の話をさえぎって、私は言った。

「はい、その件は承知しております。この状況で何をさせていただくのが適切かを考え、私から支配人に指示を出しました。すべて私の考えで行ったことです」

「訴えてやる！」と彼は叫んだ。

「ジョーンズ様」と穏やかに私は答えた。「あなたが私どもを訴えれば、あなたが乱暴した女性が法廷に出て証言することになります。そこはよくお考えください」

相手は黙ってしまった。

この話には続きがある。6カ月後、フロリダ州ネイプルズのホテルの支配人から電話があった。「ホルスト、この数日、毎朝私のオフィスに来る客がいるんです。それだけではなく、彼はクラブレベルのラウンジで女性コンシェルジュの腕をつかんだのです」

「なるほど、ジョーンズ氏がお泊まりなんだね」。私は眉をひそめながら言った。

「どうしてご存じなのですか？」

私はアトランタの支配人に与えたのと同じ指示を彼に与えた。

後日、ネイプルズの支配人からの報告によれば、彼が「ジョーンズ様、私どもはジョーンズ様にご満足いただけるよう、あらゆる……」と言い始めたとたんに、彼は首を振りながら、「わかった、もういい」と引き下がったとのことだった。

言い訳はゆるされない

特殊なケースのことはここまでにして、私たちがサービスを提供できる普通のお客様のことに話を戻そう。その気になれば、98％以上のお客様に満足してもらうことができる。それができるかできないかは、ひとえに私たちの姿勢にかかっている。

けっして言い訳をしない、ということも、お客様に満足していただくために重要なことだ。言い訳なら、ありとあらゆるものを聞かされてきた。たとえば——

- 「最近は誰もが不機嫌になっているんです」
- 「マーケット・セグメント、つまり顧客の質に問題があります」という言い訳もある。これは往々にして、レイシズム（人種差別）や民族的偏見にもつながり、「アジア人の客が多すぎる」とか、「ロシア人のゲストが大勢いるが、裏社会の連中のようだ」

などという話になっていく。

- 「目の前の道路が工事中です。工事用機械がたくさんあって騒音がやみません。それについては何もできないのです」
- 「ひどい天気続きです。ブリザードが発生して、誰も旅行に出ませんでしたから」

こんな言い訳を、支配人たちから幾度となく聞かされた。

こういうことを言う支配人にとって、それは言い訳ではなくて「説明」だ。もっともらしく聞こえるので、支配人はそれで質問に答えたような気になっている。いや、問題を解決した気にさえなっている。

だが、「説明」には何の効果もない。実際に効果があるのはイノベーションだ。つまり、どうすれば問題を解決できるかを考え、成功に向かって行動し、難しい状況の中でもお客様に喜んでもらえる対応をし、高い目標を達成するために実行することだ。

そこに「リーダー」（指導者）と「マネジャー」（管理者）の違いがあると私は考える。

リーダーは、本章冒頭に挙げた4つの重要課題の達成に向けて、組織を引っ張っていく存在だ。重要なので、もう一度書いておこう。①いまいるお客様を維持する、②さらに新しいお客様を獲得する、③もっと利用していただく、④もっと効率よく活動するために組織を動かす――の4つである。

一方、マネジャーは、そのために行動することより、できなかったときの言い訳を考えることに時間を多く使っている。

悲しいことだが、この世界にはリーダーよりマネジャーのほうが多い。

お客様の期待を超えて、さらに1マイル遠くまで行く

組織の全員が一丸となって4つの重要課題に取り組むと、素晴らしいことが起こり始める。

メキシコのカンクンのビーチにある私たちのホテルに、新婚ほやほやのカップルがやってきた。夢にまで見た新婚旅行だったのだろう。ところが、滞在初日の午後に悲劇が起こった。新郎がビーチで結婚指輪を落としてしまったのだ。

無理もないが、二人はひどく落ち込んでしまった。ビーチの担当者は、夫妻と一緒になって指輪を必死に探した。ほかのスタッフも呼び集め、砂浜にひざまずいて、指で砂を漉《こ》すようにして探した。だが、見つけることはできなかった。新婦はヒステリー状態に

なって興奮し、そこから先の時間は悲しい空気に包まれてしまった。

指輪を見つけるために、ほかに何か方法はないだろうか？

ビーチに夜の帳《とばり》が下りた。だがスタッフたち4人は、「あの二人、気の毒だね」と、ささやきながら帰宅したりはしなかった。彼らは会社の最も重要な目標、特に最初の目標のことを懸命に考えた――お客様を維持する！　お客様を維持する！

4人は、取り乱している新婚夫婦を喜ばせるために、ほかに何かできることはないかと考えた。

彼らは自らの判断で街に行き、自由裁量で使える2000ドルのエンパワーメント・マネー（第1章で説明した）の一部を使って、4台の金属探知機を買った。そしてビーチに取って返し、昼間よりも体系立った方法でビーチ全体を探し始めたのだった。

翌朝、朝食のためにレストランに入ってきた二人を、テーブルの上に置かれた結婚指輪が待っていた。

どれほど喜びにあふれた歓声が上がったか、想像していただきたい。彼らはスタッフ、支配人、さらにはリッツ・カールトンの幹部たちにも賞賛の手紙を書いた（それで私もこの出来事を知った）。メディアもこのストーリーを報じた。それは私たちにとって、とてつもなくありがたいパブリシティとなった。

後日、私はこう考えた。**4人が金属探知機を購入する許可を上司に求めていたら、たぶん上司は1台しか許可しなかっただろう。だが、4人はあえて上司に相談せず、自分たちの判断で行動した。彼らはこの夫妻に、ここが世界最高のホテルチェーンであると知ってもらうために、夫妻の期待を超えて、さらにもう1マイル先まで行こうと決めたのだ。**4人は、自分たちにはそれをする権限があると知っていた。実に正しい選択をしたと言うほかない。

常に100%のお客様を喜ばせることはできない。しかし、そうしようと努力すべきだし、そうすることで失うものは何もない。

CHAPTER

4

苦情対応に最高レベルの注意を払う

THE FINE ART OF HANDLING COMPLAINTS

小さな問題が大きな脅威になる

あなたが客の側で、製品やサービスについて問題点や不満を話し始めたとたん、担当者が無表情になったという経験はないだろうか？ 話し方も急に素っ気なくなる（何か話してくれればの話だが）。何も考えずに、客が鬱憤《うっぷん》を吐き出し終わるのをただ待っているような気配が漂い始める。話の内容はどうでもよく、とにかく早く終わってほしいと思っているのがわかる。

もしかしたら、自動車保険業界で学んだ対応なのだろうか。この業界では、事故を起こしたときの対応について、契約者にこんなアドバイスをしている。

「相手には礼儀正しく接してください。しかし、**事故が起こったのは自分のせいだとはけっして言わないでください。**たとえ本心ではそう思っていたとしてもです」（これは、太字の強調も含めて、ある大手保険会社のウェブサイトに出ていた文章をそのまま引用したものである。紳士らしく社名は伏せておこう）

企業の多くは、厄介なことが起こったら、はぐらかすに限ると決め込んでいるようだ。苦情を言ってくる顧客の90％以上が、ただ不満を鎮《しず》めたいだけだということがわかっていない。たいていの場合、物やお金で補償してくれと言っているわけではではない。ただ自分の話を聞いてほしい、「申し訳ありませんでした」と言ってもらいたいだけなのだ。

数年前、フロリダ国際大学の経営学教授から、信じられないような体験談を聞いた。彼は、友人とコーヒーショップで朝食を取っていた。ウエイターが二人にコーヒーを持ってきた。教授が半分ほどコーヒーを飲んだとき、マグカップの底に死んだネズミ！　がいたというのだ。

彼は店長を呼びつけ、「なんだこれは⁈　死んだネズミじゃないか‼」と叫んだ。

「いや、それはありえません」と店長は言った。「何かのお間違いでは？」

押し問答が続いたが、店長は最後まで事実を認めなかった。

ついに教授はその店を訴えた。彼は各地での講演のたびにこの体験談を披露して、こう語っている。

「店長が謝ってくれさえすれば、料金を無料《ただ》にするぐらいのことは要求したでしょうが、裁判までは起こさなかったでしょう。ところがその店長は、頑として私の言い分を聞き入れなかったのです。その態度が、ただでさえ悪い状況をさらに悪化させたということです」

これと真逆の例が、ジェットブルー航空の対応だ。2007年2月、アメリカ北東部を襲った凍てつく嵐のせいで、同社は1000便ものキャンセルを余儀なくされた。ジョン・F・ケネディ国際空港で搭乗を終えていた乗客は、5時間も機内に閉じ込められてしまった。そうこうするうちに、ジェットブルー航空のネットワーク全体が混乱に陥った。各地の空港で、パイロットが待機しているのに搭乗機が到着していなかったり、機体は待機しているのに乗務員がいなかったりする事態が発生した。混乱が解消されて平常に戻るまでに、なんと1週間もかかった。

旅行者たちの怒りはすごかった。「もう二度とこんな×××（放送禁止用語）航空会社を使うものか！」彼らは異口同音に怒りをぶちまけた。業界ウォッチャーは、ジェットブルーは地に堕ちた評判を取り戻せないのではないか、と暗い見通しを報じた。

そんな中、CEOのデビッド・ニールマンは、早いタイミングで誠意の感じられる謝罪をした。不便な体験をさせてしまったすべての乗客に、前代未聞の混乱についてわびた。いらつく乗客への対応でフラストレーションや気まずさを味わった従業員にも謝罪した。可能な限り多くのメディアを通じて謝罪の告知に努めた。自社のウェブサイトには謝罪の動画もアップした。

ニールマンによると、この惨事は最終的に3000万ドルの損失を同社にもたらす可能性があった。しかし彼は、空の旅をする人々とジェットブルーの従業員の両方に、信頼回復のために努力することを誓った。再発防止のためにさまざまな改革が行われた。ニールマンと取締役会は、ビジョナリーとして評価の高いニールマンを会長職に就け、航空運輸のオペレーションに責任を持つCEOには、実務能力重視の人物を就任させた。

そうした努力の結果、ジェットブルーは空中分解をまぬがれ、今日も米国で6番目に大きい航空会社としてアメリカの空を飛んでいる。

自分の非を認めて行う謝罪の力を、ご理解いただけただろうか？

リッツ・カールトン流苦情対応

いまから紹介するのは、リッツ・カールトンが推奨する苦情対応の基礎の基礎である。ホテルビジネスを進めるうえで重要なことなので、2時間の講座を設けて全従業員に受講を義務づけている。修了証書も発行していると言えば、念の入れようがおわかりいただけるだろう。その講座で教えている内容の一部である。

①軽く扱わない

お客様からの苦情がどんなにバカげていると思えても、笑ったり、陰でからかったりしてはいけない。そんな気持ちを一瞬でも表情に出してはならない。あなたの目の前にいる人にとって、それはきわめて深刻な訴えなのである。

②自分のこととして引き受ける

苦情を言われたら、自分の問題として受け止めなさい。即座に、「申し訳ありません《アイム・ソー・ソーリー》」と言いなさい。その問題を引き起こしたのがあなた個人であろうとなかろうと、そんなことは一切関係ない。その瞬間、あなたは会社を代表しており、あなたの発言は会社の見解であるとわきまえなさい。

③「私が」と言う

別の担当者や部署を持ち出して話を進めてはいけない。「私」を主語として話しなさい。

「そうでしたか、担当の者に手違いがあったようです」などという言い方は、百害あって一利もない。すでにカッカしている人が、もっと不満を募らせるだけだ。生じてしまった失敗や誤解を、自分に責任があるという態度で引き受けなさい。

④ゆるしを求める

ためらわず「どうかおゆるしください《プリーズ・フォアギブ・ミー》」と言いなさい。「私たちを《アス》」ではなく「私を《ミー》」と言うことが大切だ。罪を自ら背負うということだ。これは高ぶった相手の感情を鎮めるうえで大きな効果がある。そう言われた苦情客が、「いいや、ゆるさない」と答えるだろうか。殴りかかる客がいるだろうか。まずそんな人はいない。

⑤こちらの都合を押しつけない

たとえば、会社のマニュアルを持ち出してきて、「弊社のガイドラインでは、それについては……」などと説明してはならない。ポリシー14－8－3に何と書かれていようと、腹を立てている人にとっては知ったことではない。

⑥専門知識を誇示しない

自分に専門知識があるところを示して、たとえば、「そうなった原因は、システムがある特定のシグナルを認識して……」などと話してはならない。苦情客にとっては、あなたが何を知っていようと、システムがどのように設計されていようと、関係のない話だ。彼らが知りたいのは、自分がこのトラブルで被った痛みを、あなたが感じてくれているかどうかなのだ。自分の話を聞いてもらい、腹を立てるのはもっともだと同意してほしいのだ。

教育の分野であった事例だが、ある母親がわが子の通う学校にやってきてこう言った。「シュミット先生は娘のクリステンを公平に扱ってくれません。彼女は教師として未熟です。こんな扱いは正しくありません」

そう言われたら、校長をはじめとする学校側は、教育分野における自分たちの知識や実績を持ち出して抗弁したくなるかもしれない。問題を指摘されている教師についても、信頼できる人物であるとか、課題を抱えた生徒への対応にも定評があるとか、いろいろ話したくなるかもしれない。だが、その衝動に流されてはならない。

そんな話で相手に伝わるのは、「私たちは教育のプロだ。生徒指導も学校経営も熟知している。あなたはただの母親でしかない」というメッセージだ。

たしかに、彼女は子熊を守ろうとする母熊にすぎないかもしれない。初等教育に関する学位も持っていないだろう。だが、母熊には爪も歯もあることを忘れてはならない。苦情は慎重に扱わなければ、関係者全員にとって面倒な事態に発展する可能性がある。

⑦物取りのための苦情だと思ってはならない

何か（たとえばお金）が欲しくて苦情を言っていると決めつけてはならない。ほとんどの場合、彼らはただ話を聞いてほしいだけだ。心のモヤモヤを取り除きたいのだ。自分の意見を尊重してほしいのだ。多くの場合、それだけで溜飲を下げてくれる。

苦情はチャンスである

信じられないかもしれないが、サービスや製品に不満を抱いた顧客やクライアントの中に、あなたの会社へのロイヤルティが生まれることがある。ロイヤルティとは何か？　簡単に言えば信頼である。

人生においてはさまざまな関係があるが、すべての関係は、とりあえず不信から始まる。私はこの人を知らない、もしかしたら私を利用しようとしているのかもしれない、という関係である。最初はそこから始まって、しばらく何事もなく進むと、不信感と信頼感が相半ばし始める。この人（この会社）は怪しい人ではない。少なくとも、私を後ろから突き飛ばすようなことはしなかった。

この段階で何か問題が発生したとしよう。お粗末なサービス、誤解、揉め事などについて、お客様が苦情を言ってくる。そのとき、対応した担当者が顧客やクライアントの苦痛をわが事のように扱い、謝り、修復のためにベストを尽くしたらどうなるだろう。

お客様はその場から立ち去りながら、こう考えてくれるのではないだろうか。あの人たちは話をしっかり聞いてくれた、困っている私に手を差し伸べてくれた、元通りにする方法を考えてくれた……信頼できる人たちだ。

これが誠実な謝罪と事後対応の持つ力だ。両者の関係は単に以前の状態に戻るのではなく、問題が発生する前よりも強固なものになる。新たにロイヤルティが生まれるというのは、そういう意味である。

しかし、このロイヤルティは石に刻まれているわけではない。来月あるいは来シーズンにまた同じ問題が起これば、お客様は、この前のあれは何だったのだろうと疑問を感じるはずだ。やっぱりこの会社は当てにならない、と考えるかもしれない。信頼の目盛りは中レベルまで後退し、もう一度最初から信頼構築の努力をやり直さなくてはならない。

つまり、すべてのトラブルは、信頼関係を強化するか、毀損するかのいずれかだということだ。

評判はあっけなく悪化する

今度は私の体験談を聞いてほしい。アメリカで最も有名なあるデパートで、スーツ1着とズボン2本を買ったときのことだ。顧客サービスが素晴らしいという評判のデパートである。私は好みのスタイルと色を選んだ。テーラーは念入りに採寸し、間違いなく仕上げますと請け合ってくれた。

翌週、できあがったスーツとズボンを引き取りに行ったとき、念のために試着した。スーツは問題なくフィットした。だが、替えのズボンに問題があった。裾の長さは問題なかったが、ヒップ回りが緩すぎたのだ。前の週に、試着室でズボンの幅を測ったが、渡されたズボンの幅はそのときのままで、寸法直しが行われていないことは明らかだった。

私は販売担当者に言った。「ズボンは体に合わせて直してもらうことになっていましたよね。でも、できていません。丈《たけ》は問題ないが、ヒップが最初のままです」

彼は、「そうですか、テーラーを呼びましょう」とだけ言った。

テーラーがやってきてもう一度採寸が行われ、先日と同じ数字が記録された。

「これで大丈夫です、間違いなく仕上げます」と販売担当者は請け合った。そして、「追加のお直しのために80ドル申し受けます。来週の水曜日にはできていますので、それ以後にお越しください」と言ったのだった。

「なんだって？　もう一度払えと？　それは筋が通らないだろう。責任者と話したい」

この店は私をバカにしているのだろうか？　この事態をどう考えればよいのだろう？

店長が登場し、私の話を聞くと、通り一遍の謝罪をした。彼女は2回目の請求はしないということには同意した。だが、購入時に依頼した寸法直しが行われていなかったことについては、謝罪も説明もなかった。

最終的に、私は必要なスーツとズボンを手に入れることができた。ただし、本当なら必要のない、気まずいやりとりの末にである。このデパートは顧客サービスが優れているという評判だが、世間が何と言おうと、私がそのデパートで何かを買うことは二度とない。真摯な対応ができていれば、私という顧客を逃すことはなかっただろうが、彼らはそれに失敗した。

深刻な事態にどう対処するか

謝罪しただけでは、お客様の怒りを鎮められないことがある。そんなときは、怒りの本当の理由を注意深く探り、実害が発生していれば補償する必要がある。しかし、それでも収まらず、訴訟沙汰になった場合はどうすればよいだろうか。

たとえば、食中毒の被害に遭ったというお客様から、「昨日の晩、この店でエビ料理を食べたせいで、死ぬほど苦しんだ。一睡もできなかった。訴えてやる」と言われたとしよう。

昨晩、あなたの店では同じ料理を60人のお客様に出していて、お腹《なか》をこわした人は1人もいなかった。それを説明しても納得してもらえなければ、どうすればよいか。

あなたにできるのは、謝罪して、苦しんだことに対して同情するところまでだ。訴訟を持ち出されたら、対応を切り替える必要がある。「そういうことでしたら、私たちは直接お話しすべきではありません。あなたの弁護士に、当方の弁護士に連絡するようにお伝えください。このカードに名前と連絡先があります」

そこで相手が矛《ほこ》を収めることもあるが、正式に訴状が提出されたら、対応は弁護士に委ねなくてはならない。この件は、その時点であなたの手を離れる。受任した弁護士が、最も損害の少ない解決策を探ってくれるだろう。多くの場合、金銭交渉が始まる。弁護士間で交渉が行われ、法廷外での和解が進められることになるだろう。今日、ビジネスはそういうふうに進んでいく。

しかし、ほとんどの場合、気分を害して苦情を言ってくる人は、ただ話を聞いてほしいだけだ。親身に耳を傾けて、「本当に申し訳ありませんでした」と言ってもらえれば気が済む。自分の気持ちをはねつけず、受け止めてほしいということだ。その場ですぐ謝れば、謝罪文に手書きの一言を書き添えるぐらいのことだけでも、関係修復に向けて大きな効果を発揮する。世の中はそうやって進んでいくものだ。

私には忘れられない体験がある。ある日の早朝、アトランタにあるリッツ・カールトン・バックヘッドのロビーにいたときのことだ。私に気づいたゲストが、近づいて話しかけてきた。いや、正確に言えば、大声でまくしたてた。

「何が起こったか、わかってるのか？　私はドアマンにクルマの預り証を渡して、駐車場から出してこさせたんだが、誰かが私のクルマに飛び乗って走り去ってしまったんだ！」

ロビーにいた全員が動きを止めて、大声の訴えに耳をそばだてているように感じられた。注意散漫な駐車係《バレー》がクルマから目を離したすきに、何者かに乗り逃げされたことは明らかだった。混乱の責任はわれわれにあり、迅速な対応が必要だった。

瞬間的に私は答えた。「とんでもない不手際をしてしまいました。どうかおゆるしください《プリーズ・フォアギブ・ミー》！　直ちに警察に通報します。別のおクルマを手配しますので、お約束先への足としてお使いください」

幸い、ホテルのロビーにレンタカー会社のデスクがあったので、その手配は簡単だった。数分のうちにそのお客様は冷静さを取り戻し、予定していた行動へと気持ちを切り替えてくださった。

盗まれたクルマは、夕暮れ時までに警察が発見し、無事にお客様の元に戻った。翌日、そのお客様から電話があり、手際よく問題を解決したことに対して感謝の言葉をいただいた。評判を失墜させる悪夢になったかもしれない出来事は、こうして前向きなかたちで落着したのだった。

苦情をぶつけられても、正しく対処すれば苦境に追い込まれることはない。迅速に、注意深く、配慮の行き届いた対応をすることによって、お客様の怒りや不満は鎮まり、これまで以上に良い関係を結べることさえある。

CHAPTER

5

お客様の3タイプを熟知する

THREE KINDS OF CUSTOMERS
(AND THREE WAYS TO LOSE THEM)

3種類のお客様

企業や団体のトップは、「われわれは最大限に活用できる20万人のお客様のデータベースを持っている」とか、「3000人の会員がいる」とか、「1万5000人の支持者と定期的に連絡を取っている」などと胸を張る。百万単位の数が持ち出されることもある。

企業の買収や合併の際には、顧客や会員の情報は重要な資産と見なされ、不動産や製品在庫より高く評価されることもある。だが、そこには一つ大きな問題がある。ピッツバーグでも、パデューカでも、プロボでも、そこに住む人々は自分のことを、どこかの企業の資産だとは考えていないということである。彼らはいつでもその企業や団体から離れることができるし、実際に遠慮なく離れている。

お客様を所有しているかのように考え、行動し始めた瞬間、企業は危険な妄想の罠にはまることになる。

お客様は次の3つのタイプのいずれかに分かれる。一度でも、どこかから買ったり、使ったり、泊まったりすれば、お客様はその会社に対して何らかの感情を持ち、評価を下すことになる。

不満を抱いているお客様

会社や店でうれしくない体験をした人たちがこのグループに入る。品質に満足できない製品を買わされた、不適切なクレジット処理をされた、担当者がよそよそしかった……、理由はさまざまだが、後味の悪さを記憶している人たちだ。

このタイプの顧客は、あなたの会社にいつ牙《きば》をむくかわからない反乱予備軍であり続ける。友人や知人に、頭にきた体験を吹聴してまわるかもしれない。ソーシャルメディアに不満を書き込むかもしれない。ネットに否定的なレビューを投稿するかもしれない。要するに、あらゆる場所で、あなたのブランドについて悪い種をまく存在になってしまうのが、このタイプの人たちだ。

満足しているお客様

会社や店との取引について、「問題なし」と感じている人たちのグループだ。払ったお金に見合う製品やサービスを手に入れることができた、特に問題はなかった、と思っている人たちだ。

ただし、この人たちは競合他社が参入してきて、同等品をもっと安く販売し始めたら、あっさり乗り換える人たちでもある。他社がトートバッグ、アクセサリー、あるいはテディベアをプレゼントすると言えば、そっちで買う。あなたに対して、特に義理を感じていない人たちである。

ロイヤルティのあるお客様

その会社が好きな人たちのグループだ（そこにはフェイスブックの「いいね！」より強い愛顧の気持ちが存在する）。これまでの取引経験から、この会社は間違ったことをしないと信頼してくれている人たちである。ほかの人に、この会社はいいよと推薦もしてくれる。他社が割引価格を提示しても、あなたから買い続けてくれる人たちだ。自分のことを、あなたの会社の仲間だと考えている。

必ずしも、正面切って「この会社を信用している」と言うわけではない。信頼感は意識下に存在する。だが、欲しいと思っていた製品やサービスをあなたが提供すれば、他社と比べたりせず、あなたから買ってくれる人たちだ。

しかし、前章で述べたように、**顧客が企業に対して持つロイヤルティ（忠誠心）は、す**

べて、その企業の継続的なパフォーマンス次第だ。あの会社なら間違いないと思っている顧客でも、1つか2つ不適切な対応をされると、その確信はたちまち揺らぐ。企業は、お客様の期待に応え続け、強化し続けない限り、お客様を本当に自社に囲い込むことはできない。

お客様を失う3つの方法

ロイヤルティを持つ顧客を失うのは、企業が次の3つのうちのいずれかを犯した場合である。最初の2つは気づきにくい過ちだが、3つ目は誰の目にも明らかと思える。

間違った効率追求でブランド価値を損なう

すべてのブランドは、ハイエンド（高級品）でもローエンド（大衆品）でも、お客様に約束をしている。これを買えばこれこれのものが手に入り、これこれの満足が得られます、という約束だ。メルセデスでもマクドナルドでも、そこに違いはない。お客様は一定の期待を持ってあなたと取引をする。

予算達成が怪しくなり、前年や前期より儲けが減れば、企業はお客様に気づかれないことを願いながら、製品やサービスの質を下げたり、量を減らしたりする誘惑にかられる。私が身を置くラグジュアリー・ホテルの分野を例に取って言えば、マネジャーがこんなことを言い始めるときがこれに当てはまる。

「ロビーに飾る生花《せいか》を買い続ける必要があるでしょうか？　コストを削減できるのではないでしょうか？　あのピアノ、夜になるとピアニストが演奏していますけど、やめても問題ないでしょう。部屋のバスルームの石鹸は、もう少し小さくしましょう。タオルもそんなに柔らかくなくてもいいでしょう」

ばかげているのは、そんなことを言うマネジャーが、コスト削減の功績を認められることがあるということだ！　年間最優秀マネジャーの称号さえ獲得するかもしれない。華やかなパーティーで名前がアナウンスされ、その笑顔が大型スクリーンに映し出される。彼がステージに上がって、記念の盾と副賞の南太平洋旅行のチケットを受け取ると、会場から拍手喝采が起きる。それはなぜ？　経費を削減したからだ。

その一方で、顧客は彼の会社へのロイヤルティを失っていく。会社に対する期待に応えてもらえる可能性が小さくなっていくからだ。こうしてブランドは確実に痩せ細っていく。

「リエンジニアリング」とか「ライトサイジング」とか、企業はオブラートにくるんだ言葉を使うが、それが意味するのは、要するに「人件費を10%削減します」ということだ。多くの社員がレイオフされ、貴重な専門能力と知識が会社から流出していく。

しかし、そんなことをしていたら、お客様からすぐに不満が出始める。穴埋めのために新規採用を再開しなくてはならなくなる。社員数は元に戻るが、新しい社員は先に追い出されたベテラン社員の半分も知識がなく、最初から仕事を教えなくてはならない。

誤解しないでほしいが、私は効率向上や無駄なコストの削減には大賛成だ。無意味な仕事のために人件費を使う必要はない。つまり、効率向上とやみくもに行うコスト削減は、まったく別物だということだ。

もし、お客様を維持し続けるという目標を本気で追求するつもりがあるなら、**年間最優秀マネジャーの基準はコスト削減ではなく、顧客維持《カスタマー・リテンション》の実績であるべきだ。**お客様のうち何パーセントの人が、またここで買いたい、ここを使いたいと言ってくれているのだろうか？　買うならここがいいと友だちに推薦してくれるお客様は、何パーセントいるだろうか？　満足度調査で、10点満点で10点または9点にチェックを入れてくれるお客様の割合は何パーセントだろう？　これこそが重要な測定値であり、表彰の対象とされるべき成果なのだ。

細かなことをおろそかにする

企業はいとも簡単に、お客様の身になって物事を見ることをやめ、お客様が見ているものに注意を払わなくなる。毎日の仕事に慣れるあまり、ちょっとした取りこぼしに不注意になってしまうのだ。

飛行機の乗客が、席の前にあるトレイを使う場面を考えてみよう。もしそこに、コーヒーの染みが付いていたらどうだろう？　そんなことは大した問題じゃないと笑う人もいるかもしれない。しかし、その乗客は心の中で、こう考えはしないだろうか。

「この飛行機、ほかにも何か問題はないのかな？　エンジンはちゃんと整備されているのだろうか？　ドアは大丈夫だろうか？　高度1万メートルでもしっかり密閉されているだろうか？　そもそもこのフライトは安全なのだろうか？」

最近、私はタイヤ交換の見積もりを取るために、サービスショップに立ち寄った。カウンターには3人の女性がいたが、誰も私に目を向けず、あいさつもしなかった。カウンター前に敷かれたマットは汚れていた。タイヤ交換は汚れ仕事だから、作業場に汚れがあるのは当然だが、来店客の応対をするオフィスも汚れているというのはいかがなものか。隅に置かれたテーブルの上にはコーヒーポットと紙コップが置かれたままで、焦げたコーヒーの匂いが漂っていた。正直、勘弁してほしいと思った。

私はカウンターにいた女性に来意を伝えた。「タイヤ一式の見積もりを頼みます」。整備士が私のクルマのタイヤサイズを確認して見積もりを行った。価格は納得できた。だが、私はその店では頼まなかった。

6カ月後、私は別のディーラーからタイヤ一式を購入した。そのディーラーのオフィスは清潔で、私を人間扱いしてくれたし、きちんとした仕事を提供したいという熱意を示してくれたからだ。

もうおわかりだと思うが、最初の店は、自分たちはタイヤを売っているだけだと思っていた。それは大きな間違いだ。彼らは自分でタイヤをつくっているわけではない。つくっているのはピレリであり、ミシュランであり、ファイヤストーンだ。ディーラーが追加できる唯一の価値は、卸売業者から取り寄せたタイヤを客のクルマに取り付ける作業の部分だけなのだ。

食料品スーパーでは、買い物客はレジの前で順番待ちをする。自分の番が来るまで待つ間に、レジまわりの床やカウンターが清潔かどうかが目に入る。私が見るところ、その違いは平均的な買い物客には、缶詰1個当たり5セントぐらいの差に感じられるのではないだろうか。その結果が、来週もここで買うかどうかを左右する。

傲慢になり始める

会社が自らを消費者より賢いと考えていたら、顧客はその気配をすぐに感じ取り、その会社から離れていく。

私の友人が、ある有名家電店で買い物をしたときの経験を話してくれた。友人は自宅の家庭内ネットワークのために新しいルーターを買う必要があったのだが、どんな機能が必要なのかも、どれを買えばよいのかもわからなかった。

「ぼくが呼び止めた販売員は19歳か20歳か、それぐらいの若者だった」と友人は話した。「コンピュータ用語を散りばめて話すオタクで、無知な年寄りにうんざりしていたみたいだ。でも、ぼくだってインターネットのことなら知っている。仕事で毎日コンピュータを使っているし、テクノロジー音痴じゃないからね。でも、コンピュータづけじゃないから、その子ほどの知識はない。彼の態度から、ぼくをどう見ているかは伝わってきたよ」

その話を聞いて私は、初めてアメリカに来て、サンフランシスコのフレンチ・レストランでウエイターとして働いていたときの経験を思い出した。その店のウエイターは、ドイツ人の私以外、全員フランス人だった。彼らは上から目線で、「ナイフとフォークも満足に使えない」客たちのことをバカにしていた。パリのマナーこそが正しい食事の作法で、それを知らないアメリカ人はなんと粗野で無知なのだろうと言わんばかりだった。

彼らがお客様のテーブルに近づいていく様子を見れば、その傲慢さがわかった。それはその数年前、まだ十代だった私が、メートル・ドテルから受けたあらゆる教えに反する態度だった。私たちが給料をもらえるのは、このお客様がお金を払ってくれるからではないのか。礼節と敬意を持ってお客様に接するべきではないのか。来週もまた店に来て、お金を使ってほしくはないのだろうか。

そのレストランが出す料理は、公平に言って素晴らしかった。シェフとそのチームは自分たちの仕事をわかっていたし、店内の調度も什器も洗練されていた。それでも、1年もしないうちにそのレストランは閉店に追い込まれてしまった。お客様は、店内の敵対的な雰囲気を感じて、食べに来なくなったのだ。あたたかい心を伴わない優雅さは、ただの傲慢でしかない。

最近、一流銀行であるはずのウェルズ・ファーゴが、顧客が頼んでもいないクレジットカードを200万枚も発行して借入口座を開設したことが報じられ、全米が驚いた。販売目標を達成し、手数料を請求するためだった。信じられない。よくもそんなことができたものだと思う。

ウォートンスクールの経営学教授は言った。「ウェルズ・ファーゴは、トップ以下どっぷりと詐欺体質に染まっているか、ガバナンス・システムがまったく機能していないかのいずれかだ。……経営陣は当初、数人の不届き者が行ったことで、それ以外の者は何も知らなかったと言い訳をしたが、もちろん誰も信じなかった」

同校の別の教授は、こう付け加えた。「このスキャンダルが発覚する前、ウェルズ・ファーゴは世界で最も価値の高い銀行だった。だが、この事件によって株価純資産倍率〔株価が「1株当たり純資産」の何倍かを示す指標〕は31％も下落し、スキャンダルと無縁だった他の銀行に市場シェアを奪われている」（出典1）

これは、企業の第1の課題（顧客のつなぎとめ）を犠牲にして、傲慢かつ貪欲に第4の課題（支出削減という間違った効率アップ）を追求した典型的なケースだ（67ページ参照）。結局、全員がすべてを失うことになってしまった。

会員制による囲い込みの危険な幻想

この章の締めくくりとして、よく考える必要のある戦術について述べておこう。最近、顧客ロイヤルティを確保する手段として、会員登録した顧客に特別なサービスを提供する、という方法をよく見かける。

航空会社が数十年前にこの仕組みを構築し、飛んだ距離に応じて「マイル」を付与し、累積マイル数に応じて無料で飛行機に乗れるサービスを提供し始めた。それ以来、食品販売店から生活雑貨店まで、誰も彼もが右にならえをしている。

会員を自社の〝所有物〟だと勘違いさえしなければ、この仕組みに特に問題はない。会員登録してくれたとしても、その顧客はけっしてあなたのものではないことを忘れてはならない。年間59ドル（あるいはそれ以上）の会費を払ってくれたとしてもである。11月に会費を払った顧客も、翌年4月に何かを買うときまで、そのことを忘れている。製品やサービスを気に入っていなければ、ポイントを獲得するためだけに我慢してショッピングをするわけがない。

しかも、そうした仕組みには、もはや何の目新しさもない。『エコノミスト』誌はこう書いている。「アメリカでは1世帯当たり28の会員制サービスを利用しているが、半分以上がまったく使われていない。……この種のサービスは多すぎて何も生み出していない」（出典2）。だいたい、誰が28枚ものカードを持ち歩きたいと思うだろう。

顧客維持の面で問題を感じた会社が経営会議を行い、私もそこに呼ばれた。把握できる範囲で、将来の予約件数が減っていた。「どんな手を打てばいいだろう?」と社長が問いかけた。

すぐに1つの答えが返ってきた。「付与するポイントを調整しましょう」。言い換えれば、自社の施設を使ってくれたときに付与するポイントを少し多くすれば、数字を元に戻すことができると思っているということだ。

だが、コア・プロダクト〔中核製品〕そのものを改善することについては、誰も考えていないようだった。しばらくして、私は部屋の前に掲示されたフリップチャートに歩み寄り、コップの絵を描いた。

「コップの中の水は、お客様が現在支払ってくれているお金です」と私は言った。そして、コップの底から漏れている水を描き加えた。「この水は何か？　お客様の不満です。明らかに、お客様はみなさんの商品のどこかが気に入らないのです。だから離れていくのです。そこを議論するべきではないでしょうか？　違いますか？」

製品やサービスそのものでお客様をつかめないなら、ほかの何を持ち出してもつかむことはできない。お客様が満足してもう一度買ってくれないのなら、なぜ満足してもらえないのかを考えなければならない。

顧客ロイヤルティは、ポイントの追加や小手先の工夫、あるいはおまけのギフトで強化できるようなものではない。それは、私たちがお客様と接触するたびに期待に正しく応えることによってのみ、確固たるものとすることができる。お客様が求めるものを提供し、次もここで買えば間違いないと信頼してもらうことの積み重ねによって、はじめて顧客ロイヤルティが形成されていく。他社との違いはそこからしか生まれない。それができてはじめて、お客様は次も私たちを選んでくださるのである。

PART II

組織を磨く日々の努力

ENGAGING YOUR EMPLOYEES

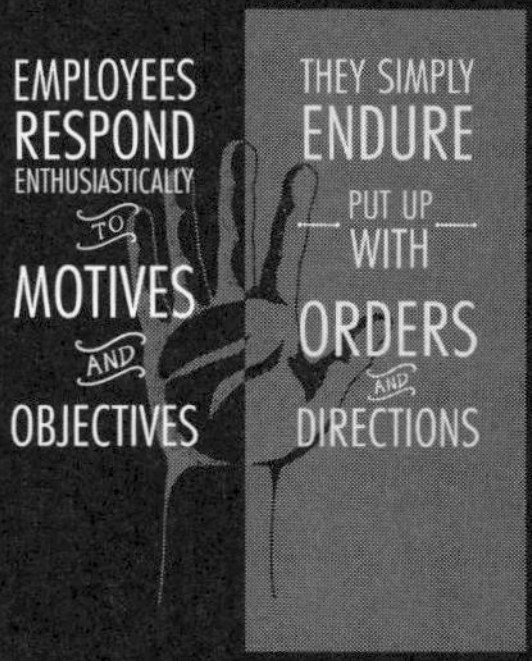

F

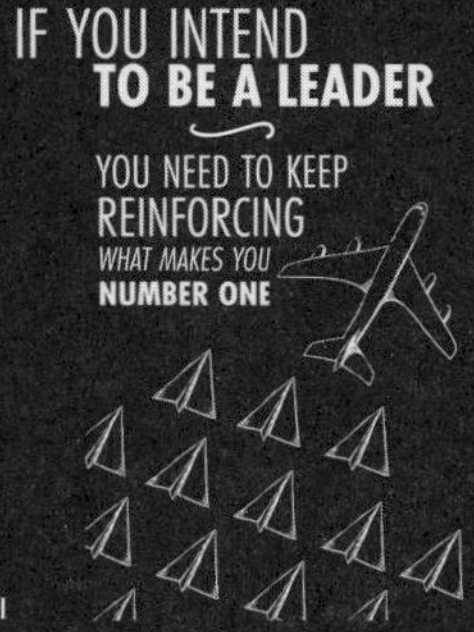

H

G

I

J

扉の5枚のイラストの訳

F
社員はモチベーションと目標で動き、
やる気をかき立てられる。
命令や指示では進んで動くことはない。
渋々従うか、やりすごそうとするだけだ。

G
不健全な組織文化は、
最善の戦略も計画も食い散らす

H
リーダー企業になりたいのなら、
自社の強みを強化し続けなくてはならない。

I
リーダーは、
空疎なスローガンではなく、
考え抜いた言葉を語れ。

J
経営者vs労働者
礼儀の薄皮を剥《は》ぎ取れば、
根深い敵意が姿を現すことがある。

CHAPTER

6

社員は単なる労働力ではない

MORE THAN A PAIR OF HANDS

社員から人間的要素を奪ってはいけない

あなたがペンキ屋、芝生の手入れサービス、あるいは観光案内所を経営しているとしよう。木曜深夜の職場の様子を想像してほしい。フロアの一角にはたぶんコピー機がある。音は立てておらず、グリーンの電源ランプが点いているだけだ。デスクと椅子もある。窓の外を見ると、月明かりの下に業務用車両が停められている。どれもビジネスに必要だから会社が購入した（あるいはリースした）ものだ。

だが、ないものがある。社員だ。彼らは夜も働いているわけではなく、あなたの指示のために待機しているわけでもないのだから、いなくて当然だ。とうに退社して、家族や友人と仕事以外のことをしている。彼らは子どもを育て、夫や妻と話をし、食料品を買いそろえ、気になるテレビ番組を見て、電話やメールに返事をする。やることは山ほどある。もちろん、夜遅くなれば寝なくてはならない。金曜の朝、陽が昇るまで、彼らの頭も体も、あなたの会社から離れている。

さて、あなたは心の中でこう言っているかもしれない――なんでそんな当たり前のことをくどくど言うのか、と。しかし、現実に経営者は、社員のことを「機能の穴埋め」――特定のタスクを遂行するためだけの頭数――としか見ていないことが多い。経営者にとって、社員は基本的に椅子やコピー機と同じで、特別大きな目的を果たすための存在ではない。割り当てられた仕事を文句を言わずにこなしてくれればよい、と考えているのだ。

ヘンリー・フォード（1863-1947年）は頭脳明晰なエンジニアだったが、とりわけ現代の自動車組立ラインを完成させたことで知られている。どの工場でも1人（またはせいぜい数人）の職工が1台ずつクルマをつくっていた時代に、フォードは、組立ラインの上にシャーシ（車体）を流し、各所に配置された作業員が割り当てられた特定の部品を取り付けるという方法を採用した。天才的なひらめきと言って間違いない。

しかし、それは仕事から人間らしさを奪うことになった。フォードがそのことを深く考えていなかったことは明らかで、作業員を手配していた部下に、「手だけあればいいのに、なんでいちいち頭がついてくるんだ？」と愚痴をこぼしたという伝説があるほどだ（出典1）。顧客についても、一人ひとり違う存在であることを十分には理解していなかった。「誰でも好きな色のクルマを買ってくれ。ただし黒に限るが」という有名な発言が生まれたのもそのためだ（出典2）。

オペレーション上の特定の機能を切り出して、その機能だけ果たせばよいという発想で人を探しているのなら、近視眼的な経営と言うしかない。人間を物のように扱っていると言える。ほめられた考えでないばかりか、天が人に与えた能力と価値を踏みにじるもので、不道徳でさえある。それは社員から人間的要素を剥《は》ぎ取り、事務機器のレベルに引き下げる行為にほかならない。

テイラー主義に「ノー」と言おう

自覚しているかどうかは別にして、現代に生きる私たちも、経営学者がテイラー主義と呼ぶものにまだ片足を置いている。それは工業エンジニアのフレデリック・テイラー（1856－1915年）が提唱した方法論の根底に流れる思想だ。

テイラーは、大量生産を効率的に行うためには、頭を使う少数の人間と、体を動かす多くの人間が必要だと言った（出典3）。賢い人がオペレーション（工程）を設計し、その他大勢が言われた手順どおりに作業をすれば、製品は円滑かつ迅速に製造ラインから吐き出されると考えたのである。作業員は自分が何をつくっているのかわからなくても、完成品を見ることさえできなくても、関係なかった。目指すべきは、ただオペレーションをスムーズに動かし続けることだ、とテイラーは言った。

今日、テイラーの考えをそのとおり口にする経営者は少ない。しかし、「社員全員が一丸となって……」などと言っている経営トップの頭の中にあるのは、テイラーの理念以外の何ものでもない。その発言が実際に意味しているのは、「トップは俺だ、みんな後からついてこい、脇道にそれるんじゃないぞ」ということだ。

そんな考え方ではなく、社員候補には、こう説くほうがはるかに優れている。

「あなたには、わが社がどんな会社かぜひ知ってほしい。この分野で最高の会社になることがわが社の目標だ。この3年、地道に努力を重ね、いまではこの街でナンバーワンと評価されている。私たちが大切にしている思いを共有して、私たちの仲間に加わってほしい。目標を達成するための一翼を担ってほしい。全員で努力すれば、素晴らしい結果が必ず待っているはずです」

そう言われた社員候補が「イエス」と答えたら、続けてこう説明しよう。

「わが社があなたに提供するのは、人間としての尊敬、承認、機会、業界での評判や名声、そしてもちろん金銭的報酬です。わが社に来れば、あらゆる良きものがあなたを待っています」

だが、候補者が本心からその仕事を好きではなかったり、違う分野で働きたいと思っていたり、別の街に住みたいと思っているなら、どんなに素晴らしい経歴の持ち主であっても採用してはならない。

人を雇うということは、会社のビジョンを明確に告げ、それに共感してくれる生身の人間を招き入れるということだ。おそらく、これがリーダーにできる最も重要なことだ。応募書類の山から、空いたポジションにはめ込むのに適した履歴の持ち主をピックアップするなどというやり方より、はるかに正しいやり方だ。ソーセージづくりであれ、お客様のチェックイン対応であれ、目先の機能をこなすためだけに人を雇うようなリーダーは、それこそ機能不全と言うしかない。

われわれはいま、スコットランドが生んだ経済学者、アダム・スミスを思い起こし、あらためてその著書を読む必要がある。『国富論』が最も有名だが、スミス自身はその前に書いた『道徳感情論』（1759年）のほうが重要だと考えていた。そこに書かれている洞察の一つは――突拍子もないとまでは言わないが、深い洞察だ――人間は命令や指示では動かないという指摘だ。人間をその気にさせるのは、その人自身の動機であり目標であるとスミスは論じた。

スミスの指摘は正鵠《せいこく》を射ている。モチベーションや目標のある社員は自分から進んで動くが、命令や指示で動く社員は渋々動くだけだ。それなのに、スミスから3世紀近くも経った現在、企業のトップは何を語っているだろうか。

失業率が25％にも達した大恐慌時代に、私たちの祖父は、四の五の言わずに空きができた仕事に就くしかないとあきらめていた。だが、いまは1930年代ではない。男性も女性も、仕事に意味を求めている。問題は、一部のボスが依然として大恐慌時代の思考を引きずっていることだ。彼らはその当時、自分たちのボスからその考えを叩き込まれたのだろう。

私は香港のホテルで働いていたマネジャーのことを覚えている。彼も参加しているミーティングの場で、私は彼の部下であるルームサービスの担当者たちに、こう語りかけた。

「みなさんには権限が与えられています。もし仕事の進め方に問題があると感じたり、改善できると思うことがあったら、遠慮なく言ってください。もっと良いやり方がないか、気づいたことがあれば遠慮なく話してほしいのです」

ミーティングが終わろうとしたとき、そのマネジャーは「シュルツさん、会社を辞めさせていただきます」と言った。

私はびっくりしてたずねた。

「なぜ？　何か問題でも？」

彼の答えは単刀直入だった。

「あなたは従業員に、思ったことを言えとおっしゃいました。でも、ボスは私です。彼らではありません」

その週の終わりに、彼は本当に会社を辞めてしまった。

経営者は、そんな考え方は捨てなくてはならないし、そんな考えのマネジャーがいたら考えを改めさせなくてはならない。社員は、特定の機能を果たすために上司がプログラミングするロボットではない。社員や求職者を見たら、経営者は駆け出しのころの自分の気持ちを思い出す必要がある。そのころは、誰もがきっと、夢を持って仕事に励みたいと願っていたのではないだろうか。

感謝はしても妥協してはならない

社員を人間として尊重すべきだという私の考えは、その昔、神がモーセを介してイスラエルの民に告げたことと、根底で通じるものがある。「あなたの隣人をあなた自身のように愛しなさい」（出典4）。キリストは後に、これを2番目に重要な戒めとして人々に告げた（出典5）。

この戒めを結婚生活に当てはめて、「いちばん近くにいる隣人は妻（または夫）なのだから、深く愛さなくてはならない」というアドバイスを耳にすることがある。たしかにそ

118

うだと思う。

だが、それを言うなら、社員も相当近くにいる隣人だ。私たちは毎日、彼らと一緒に働いている。忙しいときなど、家族と過ごす時間より、社員と過ごす時間のほうが長いぐらいだ。経営者にとって社員は、尊敬し、感謝し、愛すべき存在なのである。

それは社員を甘やかすとか、要求する規準を引き下げるということではない。愛するというと、ただやさしく接することだと勘違いする人がいるが、そうではない。規準以下の仕事しかしていない誰かを大目に見たり、理由もなく長い休憩時間を与えたりすることは、愛ではない。そんな不公平な扱いがあれば、ほかの社員は怒ってかまわない。会社の所有者（利害関係者）からも異議が出て当然だ。

会社は、すべての人に——所有者にとっても、社員にとっても、広く社会一般の人々にとっても——良いものをもたらすことを目標として活動しなくてはならない。社員の誰かが目標にふさわしい行動をしていないとき、改善策を講じても行動を改めないときは、リーダーは厳しい決断を下さなくてはならない。社員に高い規準を求めることは、愛に反する行為ではない。そのような気遣いは不要だし、間違っている。

円滑に運営される組織の秘訣

企業を円滑に運営し、目標を達成するために必要なものは何だろう？　企業の目標は、どのような道筋をたどって実現されるのだろう。簡単な図を使って説明しよう。

企業の活動は、図の上側にある3つの重要なインプット（投入資源）から始まる。すなわち、優れた道具、優れた材料、優れた社員である。

たとえば、シーフード・レストランの経営者なら、第一に設備の整ったキッチンが必要だ。正しく作動し、適切な温度に加熱できる、使いやすいコンロやオーブンがなくてはならない。

第二に、材料となる新鮮な魚が必要だ。メニューの中にサーモン料理があるなら、最高のサーモンが欲しいに違いない。ほかの魚についても同じだ。

第三に、キッチンでコンロやオーブンを使ってサーモンやマスを料理する方法を習得している料理人が必要だ。お客様に丁寧に手際よく料理を運ぶ、ウエイターやウエイトレスも要る。店の入り口には、愛想のよいホストかホステスもいなくてはならない。

これら3つのすべてが、あなたのレストランにとって欠かせないインプットになる。これらが首尾一貫したプロセス（仕事の進め方）で扱われ、お客様のために優れたプロダク

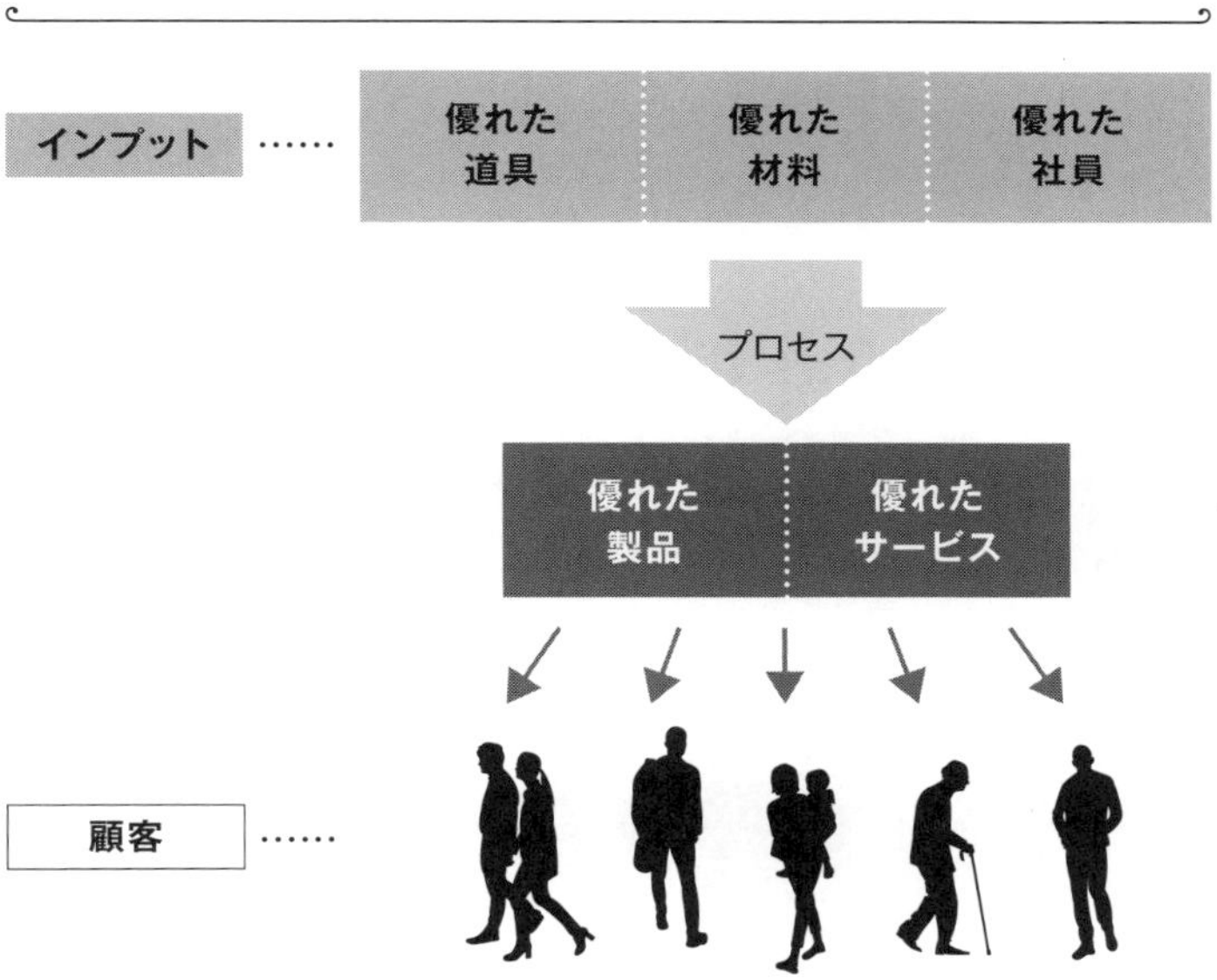

ト（製品やサービス）として提供されなくてはならない。

プロダクトとは何か？　レストランの場合なら、それは楽しい食事の経験のすべて、ということになる。私が身を置くホテルビジネスなら、プロダクトは、リラックスできる楽しい一晩の滞在だ。あなたのビジネスでのプロダクトが何であれ、この原則は変わらない。

何か欠陥があったり、足りなかったり、行き違いがあれば、プロダクトは台無しになり、お客様は不愉快な思いで立ち去ることになる。

以上を理解していただいたうえで、この章のここから先は、インプットの3つ目、すなわち、優れた社員の確保に焦点を絞って話を進めることにする。誰でも雇えばいいというものではない。人手不足に悩む経営者は、慌てて人を採用し、後悔するはめになることがある。素面《しらふ》で部屋を真っすぐ歩けたら採用決定、みたいなことをしていると、自らの浅はかさを悔いることになる。

ベストセラー『ビジョナリー・カンパニー』の著者として有名なコンサルタントのジム・コリンズが、企業のリーダーをバスの運転手になぞらえて、次のように書いている。まさにそのとおりだと思う。

「良い会社を偉大な会社に変えるリーダーは、まず事業から始めるのではなく、人から始める。ふさわしい人をバスに乗せ、ふさわしくない人をバスから降ろし、乗せた人を適切な座席に座らせるところから始めようとする」（出典6）

誰を〝バス〟に乗せ、誰を乗せるべきでないのか、そしてどの〝座席〟に座らせるべきか（どの仕事に就かせるべきか）は、どうすればわかるのだろう。学校の成績や職歴を調べたり、推薦人の話を聞いたりするだけでいいのだろうか？　それとも、もっとほかにするべきことがあるのだろうか？

採用の鉄則——ただ雇うのではなく選べ

誰かを雇う前に、どんな人がその仕事をうまくこなせるか、しかも楽しみながらこなせるかを、よく考える必要がある。朝起きたとき、よし今日も頑張ろう、と気合いを入れるのはどの人だろう？　どんな性格の人だろう？

以前の私は、この問いにどう答えればよいかわからなかった。そこで専門家の助力を求めることにした。選んだのはネブラスカ州リンカーンにあるタレント・プラスというコンサルティング会社で、重要な働きをしてくれた。

彼らは、たとえば「良いドアマンの条件は何か？」を考えるところから採用活動に取りかかった。社内で優れたドアマンと見なされていた何人かをインタビューし、屋外での仕事が好き、という共通点があることを発見した。雪が吹き付けても全然気にならない人たちだった。趣味についてたずねると、驚くほど高い割合で「ガーデニング」という答えが返ってきた。こういう人に部屋の中でパソコンに向かう仕事をさせていたら、気の毒なことになっていたかもしれない。

そんなふうにして、職種ごとに「サクセス・プロファイル」をまとめた。ハウスキーピングの応募者には、「パーティーが終わった後の片付けや掃除について、どう思いますか」

とたずねた。ひねりはないが、自然な問いだ。普通に家の片付けが好きな人や、誰かが散らかした後の掃除が苦にならない人なら、ホテルの部屋を上手に掃除してくれるだろう。

フロントの受付係の場合は、見た目の印象や身だしなみに注目した。日頃から、初対面の人に好印象を与えようと努めている人だろうか？　揉め事を解決するスキルがあるかどうかも知りたいポイントだ。この職種では、「人を元気づけるのは得意ですか？」「いらだっている人にはどう接しますか？」といった質問をした。

営業担当者《セールス・パーソン》（ホテルビジネスでは、会議、結婚披露宴、政治パーティーなどの予約を取るために働く）の場合は、競争に立ち向かう姿勢を見極めるための質問をした。「チームの一員として、勝った経験、成果を上げた経験がありますか？」とたずねた。説得力については、「相手がやりたいと思っていないことでも、なんとかやってもらうように仕向けるのは好きですか？」とか、「相手の注意を自分に向けさせるのは得意だと思いますか？」などとたずねた。規律正しく働けるかどうかも知りたかったので、「複数の仕事を並行して進めながら、細かいことをきちんと管理できますか？」とたずねた。

そうした採用活動の積み重ねの中で、ぱっと見の印象は良さそうでも、こちらが想定していた仕事にはふさわしくない人が少なくないことを知った。バスに座らせる〝座席〟がなかったということだ。人材は慎重に選ばなければならないことを学んだ私たちは、皿洗い係でさえ、1人を選ぶまでに平均すると10人は面接した。

労を厭《いと》わなかったおかげで、離職率が劇的に低下した。ホテルやレストランの離職率は高く、年120％に達することさえある。仕事にうんざりしてしまう人がそれほど多いということだ。私たちはそれを、20％台まで引き下げることに成功した。

しかも、単に賃金を上げることでそれを実現したのではない。私たちのホテルでは、労働組合が組織されたことはなかった。もともと組合のある施設の経営を引き継いだことはあるが、新たに組合が結成されたことはない。会社側が人を慎重に選び、各自のパーソナリティにふさわしい仕事に就かせたからであり、雇われた側が仕事を楽しみ、待遇にも満足し、ここで長く働きたいと思ってくれたからだ。

おかげで、社員の貴重な知識やスキルが社内に蓄積されていった。その結果、私たちは、何度も一から訓練しなおさなくて済み、時間もお金も大いに節約することができたのである。

近道を行くな

すでに述べたが、採用活動を性急に進めると手痛い失敗をする。来週の月曜日までに誰かを雇わなくてはならない！　などと慌てているようでは、適材を雇える可能性は低い。なんとか確保できたという安堵のため息は、すぐに後悔の嘆きに変わる。

私には、思い出すたびに後悔する体験がある。攻めの姿勢で11の新しいホテルをオープンして、とてつもなく忙しかったある年のことだ。新規オープンするホテルのそれぞれに総支配人が必要だった。内部昇進だけでは確保できなかったので、私はかつて別の会社で一緒に働いたことのある2人の男を雇った。つまり、昔の友だちを選んだのである。

かつて、彼らは私と力を合わせて成果を上げた。2人とも正直で勤勉な、申し分のない人物だった。だが、総支配人の「サクセス・プロファイル」に照らして2人を評価したところ、残念なことに、彼らは総支配人には適していないという報告が届いた。

私はタレント・プラスの面々と議論した。「今回だけは、あなた方の報告は間違っている気がする」と私は言った。「いつもみなさんの判断が正しいことは承知しているが、今回は何か見落としがあるのではないでしょうか。私はこの2人をよく知っているんです。あなた方の結論は間違っていると思う」

私は全社に、「サクセス・プロファイル」を使ったスクリーニングをパスしない限り誰も雇ってはならない、と厳命していた。だが、会社のボスは私だ。私がそうしたいなら、自分で決めたルールの適用を除外してはいけないという法はないだろう。そう考えて、とにかく私は2人の友人を雇った。

残念なことに、その2年後、私は両人に去ってもらわなければならなかった。とても辛い体験だった。私はなんとか彼らを助けようと懸命に努力した。1人には毎朝のように電話して、「これをやったか？　あれを試したか？　それについ考えてみたか？　もしこれこれの事態になったら、どうやってダメージを軽減する？」などとたずねたりもした。だが、うまくいかなかった。

2人のことでは、何日も眠れない夜を過ごした。しかし最後には、会社全体のことを考えて決断しなくてはならなかった。根拠のある情報に基づいて慎重に選択するのではなく、自分の〝直感〟に従って行動してしまった私の失敗だった。いまでも、あの数年を思い出すと申し訳ない気持ちになる。

働かない社員が生まれるのは誰のせい？

解雇される社員を責めるのは簡単だ。できなかった仕事や、仕出かした失敗を思い浮かべ、「ジョーはダメだったね」でおしまいだ。

しかし、そこで問わなくてはならないのは、**そもそもジョーを雇った愚か者は誰なのか、**ということだ。ジョーはこの仕事に適していたのだろうか？　適していたというのなら、彼がうまく働けるように、会社は何をすべきだったのか？　そこに何か失敗はなかっただろうか？　うまくいかなかったのは、彼だけのせいなのだろうか？

注意深く人を選び、徹底的に訓練すれば、そんな厄介な事態に遭遇することはなくなる（従業員訓練については第7章と第8章で詳しく論じる）。むしろ、自分が採用した社員が立派に仕事をこなし、会社に貢献する姿を見て、心から喜べる瞬間を何度も経験できるはずだ。

何年も前のことだが、洗い場担当として雇われた、エビーという若者がいた。私はその勤務初日に顔合わせをした。ケニアからの難民だった（私が直接採用したのではなく、レストラン統括マネジャーが良い選択をしてくれた）。

数日後、厨房を通り抜けようとしていた私は、再びエビーと鉢合わせした。彼は「おはようございます!」と元気よく声をかけてくれた。私はあいさつを返しながら、汚れやすい仕事なのにずいぶん清潔な身なりをしていることに気づいた。

数週間後、またエビーに会った。

「こんにちは! お元気ですか?」

そのときも彼の制服は完璧にきれいで、靴は磨かれてさえいた。

興味が湧いたので、私はレストラン統括マネジャーにたずねた。「エビーはどんな調子? ちゃんと仕事をやってる? 仕事内容の割には、いつもずいぶん身ぎれいなようだが」

「シュルツさん、彼は誰よりも働き者です。とにかく、自分に誇りを持っていますね。1日に2回も制服を着替えているんですよ!」

この若いケニア人は、縁の下の力持ちのような職場で、地味ながら卓越した仕事をしていたのだった。

まもなく、ルームサービス担当のマネジャーが、「エビーにウエイターをやらせたいのですが」と言ってきた。エビーは水しぶきが飛び散る仕事場を後にして、チップをもらうことのできる、客室に食事を運ぶ仕事に就いた。

さらにそれからまもなく、宴会担当のマネジャーが、「宴会のチームリーダーが必要です。エビーにやらせてもいいでしょうか？」と言ってきた。

彼はその後も職位を上げていき、いまではアトランタのダウンタウンにあるリッツ・カールトンのマネジャーである。

エビーのように、自らモチベーションを維持できる人間ばかりではない。それは認めよう。だが、最初から消極的な気持ちで、適当にやり過ごそうとして出社する者もめったにいない。目標達成に貢献したいと思うのが人間というものだ。ふさわしい場所に招き入れさえすれば、誰であれ、才能を開花させることができる。

何も考えずに穴埋めのためだけの採用をしてはならない。無意識のうちにでも、社員を機械の歯車のように扱ってはならない。そうではなく、人間としての彼らを理解し、それぞれの興味や意欲をかき立てるような仕事に就かせる必要がある。それができれば、彼らは長期にわたって素晴らしい働きをして、自分自身にも会社にも大きな利益をもたらす存在になるはずだ。

CHAPTER

7

いちばん大事なことを最初に伝える

FIRST THINGS FIRST

入社初日の驚くべき体験

人材募集中の業務について、うまくこなせるのはどんなタイプの人間かを見極め、それに沿ってたくさんの候補者を面接し、これぞと思える人を選んだら、さっそく配属して仕事の山の中に放り込む……ことになるのだろうか。

いや、慌ててはいけない。ここで、オリエンテーションがきわめて重要な意味を持つことになる。ところが、これが実にいいかげんな扱いを受けているのである。

入社初日、新人社員が人事関連の必要書類を整え、写真を撮り、社員章の交付などの手続きが終わると（ここまでおよそ2時間）、マネジャーが顔を出してこう言う。

「わが社にようこそ。来てくれてうれしいよ。ここでは全員が一つのチームとなって力を合わせて働いているので、よろしく」（本当か？）

「クリスタルを紹介しよう。彼女は9カ月前からここで働いている先輩だ。職場を案内してもらって、ここで働くコツを教えてもらってください」（業務内容よりコツが大事なのだろうか？）

ここで、某社の某新入社員が語った、勤務初日の驚くべき体験を紹介しよう。本当にあった話だ。場所は、政府に納入する航空機を製造する、南カリフォルニアの大手飛行機工場。工場長はその新入社員を「コツを教えてくれる」従業員に引き合わせると、さっさと立ち去ってしまった。声が聞こえないところまでボスが離れたとき、その先輩社員が言った。「さて、仕事をせずに8時間過ごす方法を教えてやるよ。ついてこい」

まず彼らは休憩室をのぞき、次に軽食を出すレストランを見て、それから部品倉庫に足を運んだ。そこのカウンターでは美人の社員と雑談をした。その後もあちこちで時間をつぶしながら工場案内が続いた。そうこうするうちに退社時間になると、案内役の社員はさっさと家に帰ってしまった。

アメリカの戦闘機がなぜあんなに高額なのか、これでわかったのではないだろうか。

いちばん大事な話

新入社員に教えるべき重要事項は、ボルトの締め方やネットワークにログインする方法ではないし、救急薬の保管場所でもない。**私たちが誰であるか、私たちの夢が何であるか、そしてなぜ私たちが組織として存在するのか**を、しっかりと理解させることだ。

勤務初日は、1分1秒も無駄にしてはならない黄金の瞬間だ。心理学者によれば、人間は16歳ぐらいを境に、心によほど強いインパクトを受けるのでない限り、それまでの行動パターンを変えることはなくなるという。強く感情に訴える体験がなければ、これまでと同じように、親やその他のロールモデルから学んだ行動を続け、これまでと同じように反応し続けるということだ。

さて、新しい仕事の1日目は、間違いなく感情に強く訴えかける体験だ。だいたい月曜日のことが多い。新人は時間どおりに職場にやってくる。時間より早く来るかもしれない。身だしなみを整え、目を輝かせ、さあ仕事を始めるぞと意欲満々だ。賢明なリーダーにとって、「その日をつかめ《カルペ・ディエム》！」の瞬間だ。それが2日目、3日目になれば、わずかな違いかもしれないが、新入社員は初日のように耳をそばだててリーダーの話を聞くことはない。

私は、自分がオープンしたホテルでは、自分で初日のオリエンテーションを行うことにこだわった。もしその場に居合わせたら、あなたは次のようなシーンを見ることになるだろう。

オリエンテーションの会場では、すでに新入社員たちが席に着き、そわそわしている。そこに私が入ってくる。ダークスーツとネクタイ姿だ。演壇に歩み寄り、まずこのように言う（強いドイツなまりで）。

「おはよう。私はホルスト・シュルツ。社長兼ＣＯＯ。ここでは、私はきわめて重要な人間だ」

そこで私は少し間をあける。そして、なんて傲慢なオヤジだ、という会場の気配を確かめると、こう言葉を続ける。

「きみたちも、同じように重要です。隣にいる人より自分のほうが重要だと言える人間は、世界中に一人もいません。この会社では、きみたち一人ひとり、全員が重要です。私がそうであるように。

なぜだかわかりますか？　きみたちはこれから、会社にとってなくてはならない貢献をしてくれる存在だからです。私が明日、昼になっても出社しなかったとしても、それに気づく人はたぶん多くないでしょう。しかし、ハウスキーパーの誰か一人が出社しなければ、ベッドは整えられないままになってしまいます。新しいお客様を迎えることができず、たちまち経済的な損失が発生します。自らの手で災難を招き寄せることになってしまうのです」

その日の残りの時間、そして次の日も、私にはさらに話すべきことがある。

私たちはなぜこうするのか、何を考えているのか、組織として何を大切にしているのか。わが社のビジョン・ステートメントを伝え、それぞれの宣言の意味を説いていく。私は新入社員全員に、このビジョンを共有してほしいと呼びかけ、彼ら一人ひとりにとってそれが何を意味しているのかを教える。

「このようにすることで、きみたちは人として卓越した存在になっていく。ホスピタリティ業界のすべての人から、そのように見てもらえる人になるのです」

次に、ミッション・ステートメントを伝える。これについても、私は噛んで含めるように、具体例を交えて説明する。そして、どんな会社にとっても重要な4つの課題（第3章で説明した）について、1つずつかなりの時間をかけて説明する。やがて私の話は核心へと迫っていく――

- 「私たちを動かすやる気の源は、なんとしてもこのカテゴリーで最高のホテルになる、という強い思いだ」
- 「私たちはお客様のことをこのように考えている……」
- 「お客様が私たちに望んでいることは、誇りある存在として扱ってほしいということ、自分の身になって問題や心配事を素早く解決してほしいということだ」
- 「わが社で〝顧客サービス〟と言えば、次のことを意味する……」
- 「これが、私たち全員が達成しようとしていることだ。私たちのやる気はそこから生まれる。これが、私たちの情熱だ。きみたちが仕事をするのは、私のためでも上司のためでもない。われわれの仲間に入って、一緒に夢を追いかけてほしい」

ジャマイカのモンテゴ・ベイで最初のリッツ・カールトンをオープンしたときも、私はこのように話した。それが従業員に与えたインパクトを、私はけっして忘れないだろう。

開業前、ホスピタリティ業界の人々から、ジャマイカの従業員は質が悪いと吹き込まれていた。会社のものを盗むし、何かにつけて自分の損得勘定で行動するというのだ。そう聞かされて気が重くなった。

開業初日、私はいつものオリエンテーションを始めた。私の話に耳を傾ける部屋いっぱいの従業員に対し、共に夢を追求してほしいと呼びかけた。私は彼らに、みなさんはただの〝召使い《サーバント》〟ではない、紳士淑女たるゲストに仕える紳士淑女なのだ、と強調した。

「もしこのホテルが卓越したホテルになれば、リッツ・カールトンの栄誉であるだけでなく、ジャマイカという国の栄誉でもある。お客様はそのことを、旅する世界の国々で語ってくださるでしょう」

翌朝早く、私はホテルに隣接するホワイト・ウィッチ・ゴルフコースの周りをジョギングした。部屋に戻ったのは7時半を少し過ぎたころだった。8時から始まるミーティングの前に軽くシャワーを浴びようと思ってふと外を見ると、驚いたことに、着飾った人々がホテルに向かって歩いてくるではないか。女性たちは美しいドレスを身にまとい、帽子までかぶっていた。男性は最高のスーツを着て、きりりとネクタイを締めていた。結婚式でも始まるのだろうか？　いや、結婚式はこんな早い時間に始まらないだろう。

どこに行くのかと見ていると、なんとホテルの従業員用入口からホテルに入っていくではないか。彼らは、8時からの会議のために出社してきた、ホテルの新しいスタッフだったのだ。前日の私の話を心に留め、さっそく紳士淑女にふさわしい服を着て職場にやってきたのだった。私は目頭が熱くなった。

私はミーティングで、彼らの前に立って言った。

「今日はみなさん、すごく輝いていますね。みなさんがこの職場で紳士淑女として働くために、こんなふうに準備してミーティングに集まってくれたことを、光栄に思います。でも、毎日そういう服装で出社する必要はありませんよ。みなさんにはユニフォームが支給されることになっています」

社員個人のレベルに浸透させる

オリエンテーション・ウイークの水曜日になると、私は部署ごとに従業員を集めてミーティングを行い、こんな質問を投げかける。

「ホテルをオープンする前に、この部署のグループで1日だけ自由に過ごせる時間があったら、何をしたいですか？　誰か考えを発表してくれますか？」

ほとんどの場合、一緒にどこかへ遊びに行きたい、という答えが返ってくる。

「なるほど、それは楽しそうだね」と私。「どこに行きたいですか？」

いろいろ意見が飛び交い、行き先は魅力のある近場のどこかに落ち着く。

「どうやってそこに行き、どうやって帰ってくるんでしょうか？」

バスを1日レンタルすればいい、というような答えが返ってくる。

「なるほど、じゃあここで話を変えましょう」と私は話を続ける。「みなさんの部署は旅を始めました。たとえば、いまから6カ月後、この部署がどうなっていたらいいと思いますか？　グループとしてどこに向かいたいですか？」

こうたずねると、たいてい「最高の部署になりたい」という意味の答えが返ってくる。具体的な内容や表現は時と場所によって違うが、基本的な考えは明らかだ。

「みなさん賛成ですか?」と、私は探りを入れる。「最高の仕事をしたいと思いますか?」

「はい!」

「素晴らしい。それがみなさんの目標です。先日、私は会社の目標を話しましたが、それが具体的に何を意味するのかを示すのが、みなさんの目標なのです。〝最高のホテル〟というのは具体的にどういうことでしょうか?」

こう投げかけると、さまざまな答えが出てくる。

「いちばん清潔なホテル」

「いちばんフレンドリーなホテル」

「いちばん上手に運営されているホテル」

「尊敬されるホテル」

出てくる意見を紙に書いて、前に張り出す。

ときには私から、こんな意見も出してみる。「いちばん楽しく仕事ができるホテル、というのはどうですか?」

「ああ、そうですね、それもあります!」

そのあたりで、私は部署のマネジャーに立ち上がってもらって、こう言う。

「みなさん、この人がみなさんのリーダーです。この人の仕事は何かわかりますか? それは、いまみなさんが話してくれた目標を達成できるように、みなさんを助けることです。みなさんの目標が達成されるように、みなさんをサポートするのが彼の仕事です。サポートするという意味は、いまみなさんが挙げてくれたさまざまな目標が実現していなかった場合、そこで妥協することを許さない、ということでもあります。たとえば彼が、『きみたちはいちばん清潔なホテルになりたいと言ったのに、そうなっていないじゃないか』と叱っても、腹を立ててはいけません。〝最高になる〟という目標を思い出させようとしてくれているのですからね。そして、目標達成に協力しない人を辞めさせるのも、マネジャーである彼の仕事です。みなさんには使命《ミッション》があります。手抜きはゆるされません」

オリエンテーション・ウイークの木曜日になって、ようやく具体的な〝仕事のコツ〟を話す。個々の業務をどう遂行するのか、安全衛生上の規則や心得、何をどう報告するのか、といった詳細を説明するのである。

細かい話をする前に、大きな展望《ビッグ・ピクチャー》、つまり、全員が努力して達成すべき目標を胸に刻み込んでもらうことが大事なのだ。すでに述べたが、それはトップが直接語るのがいちばんよい。リッツ・カールトンでは、新規に開業するホテルでは私がその話をする。それ以外は、総支配人が同様のオリエンテーションを行い、新しい社員が加わるたびに、毎月同じことを繰り返す。

もちろん、どの会社も同じようにやるべきだとは言わない。各社各様、独自のやり方があってしかるべきだ。だが、どんなやり方であっても、会社の根本的な目標に、その重要性に見合うだけのスポットライトを当てることが必要だ。そしてそれを、社員がいちばん集中できる環境とタイミングで行うことが大切である。

オリエンテーションを惰性で行うルーチンにしてはならない。確認のチェックマークを付けたらおしまいの、退屈な時間にしてはいけない。オリエンテーションは、会社の成功の土台を築く、きわめて重要な活動なのである。これなしには、あるいは表面をなぞるだけの短縮バージョンでは、会社はいつまでも迷走を続けるだろう。

マネジメントの天才、ピーター・ドラッカーは、「企業文化は朝、戦略を食べる」と言ったと伝えられている（出典1）。その意味は、知恵を絞って立派な戦略を立て、指示を出し、仕組みをつくっても、正しい文化が組織に根付いていなければ機能しないということだ。息の合ったチームは生まれず、官僚主義的な組織にしかならない。しかし、目標に集中する、活力ある文化を構築することができれば、企業はその先何年も、何十年も成長し続けることができる——その構築は初日のオリエンテーションから始まる。

CHAPTER

8

徹底的に繰り返す

WHY REPETITION IS A GOOD THING

優れた社員を育成するために必要なこと

心ふるわせるスピーチ、あか抜けたパワーポイント資料、颯爽《さっそう》としたビデオ・プレゼンテーション――結構なことだが、どれも次の日には忘れられている。どんなに行き届いたオリエンテーションを行っても、その後、伝えたメッセージを強化し続けなければ、効果は定着しない。

コカ・コーラを知っていますか？　もちろん知っているだろう。それなら、なぜ彼らは宣伝し続けるのか？　消費者の脳の一等地にとどまり続けたいからだ。彼らは消費者の視界から外れてしまわないように、毎年40億ドルを費やしている。

優れた社員を育成するためには、次の4つのことが必要だ。

①適切な人材を選ぶ
②心に届くオリエンテーションを実施する
③個別の業務についての適切な指導
④教えたことを定着させる

これを実現するためには、しっかりした仕組みを確立しなくてはならない。この章では、リッツ・カールトンとカペラ・ホテルグループで、それをどのように行ったかをお話ししよう。やりすぎだという声も聞こえてきそうだが、私たちにとってはうまく機能したやり方だ。

1日10分を毎日繰り返す

私は、**すべてのシフトのはじめに、24項目ある「サービス・スタンダード」の1つに焦点を絞って、立ったままで短時間のミーティングを行った**（ホテルは24時間休みなく動いていることをお忘れなく）。

マネジャーは、その日意識してもらいたい規準《スタンダード》を1つ声に出して読み、その意味を説明する。それに関連のあるストーリーを話したり、お客様から寄せられたコメントを読み上げたりして、その規準が実際の仕事の中で何を意味するのかを教える。従業員にも意見を述べてもらう。そのミーティングが終わってから、全員が自分の持ち場へと散っていくのである。

今日、規準の1番を取り上げたら、明日は2番、その翌日は3番を復習する。こうして順番に「サービス・スタンダード」を頭と体に染み込ませ、24日過ぎたらまた1番に戻って、同じことを繰り返すのである。

私が書いた「サービス・スタンダード」はホスピタリティ業界向けのものだが、他の分野でも十分使えるはずだ。24項目〔カペラ・ホテルグループのもの〕を紹介しよう。

1.「カノン」（規範）には私たちが事業を営む目的《パーパス》が記されている。すべての従業員はこれを共有しなくてはならない。

「カノン」というのは、われわれが大切にしている次の表明のことだ。

「私たちの事業は、お客様の期待に応えるプロダクトを生み出すことによって、わが社の所有者にとっての価値と成果を生み出すことである。

私たちは信頼でき、思いやりがあり、タイムリーなサービスを、競合他社より高いレベルで提供する。それを行う従業員は、会社への帰属意識を持ち、目的を持ち、尊敬され、権限を与えられている。

私たちは、高い価値観と名誉と高潔さを重んじ、社会に対する協力と貢献を忘れない」

この規範を体に染み込ませるには、何度も繰り返さなくてはならないことは明らかだ。

2. **全従業員は「ツァイトガイスト」(Zeitgeist)を理解し、共有し、行動に活かさなくてはならない。それはお客様へのサービスにコミットするための基礎である。**
「ツァイトガイスト」とは、「時代の精神」という意味のドイツ語だ。お客様の欲求は時間とともに変わるので、良いサービスに求められる「ツァイトガイスト」も変わる。サービスの「ツァイトガイスト」はここでしか得られないという排他性、ロイヤルティ、経験、そしてレガシーの4つの面から考える必要がある。

3. 「サービス・プロセス」(すなわち、あたたかい歓迎、お客様のニーズに寄り添いニーズを予測する、真心を込めたお別れのあいさつ)は、一部のお客様にだけでなく、すべてのお客様に対して実行されなくてはならない。

4. お客様に効果的にサービスを提供するために必要なら、いま自分がしている仕事を止めてでも、従業員同士で助け合わなくてはならない。

5. 電話には呼び出し音3回以内に出る。声に微笑みを込める。カペラのイメージにふさわしい言葉遣いをする。受けた電話を転送してはならない。お客様をお待たせしてはならない。

6. お客様が気づくより先に、問題や欠陥を発見し、正常に戻す責任が全従業員にある。問題の発生を事前に防ぐことは、卓越したサービスの鍵である。

7. ホテル内のあらゆる場所を清潔に保つ。清潔さの維持、メンテナンス、整理整頓は全従業員の責任である。すべてのホテルで「CARE《ケア》」プログラムを遵守すること（Clean And Repair Everything：隅々まで清潔で不具合がない）。お客様の目に触れる所にプログラムを掲示していないホテルでも同様である。

8. 常にお客様に意識を向ける。お客様が3メートル以内に近づいてこられたら、何をしていても手を止め、笑顔であいさつし、お手伝いできることがないかたずねる。

9．ホテルの安全とセキュリティは全員の責任である。緊急事態が発生したとき、お客様の安全とホテルの設備を守るために、自分が何をしなくてはならないかを把握しておくこと。ホテル内に危険な状態や保安上の問題があることに気づいたら直ちに報告し、可能であれば修理改善する。

たとえば、ロビーに持ち主不明のスーツケースがあるのに気づいた従業員は、状況を確認しなくてはならない。もっと深刻なケースとしては、すべてのメイドは、正午を過ぎても「起こさないでください《ドゥー・ノット・ディスターブ》」というサインがドアノブに掛かっていたら、部屋を確認しなくてはならない。ほとんどの場合はカードの取り忘れだが、夜の間にゲストが倒れていないとも限らないからだ。

メイドはドアをノックし、応答がなければセキュリティ担当者に通知する。担当者はコンピュータで、その部屋には誰が、何人で泊まっているかを確認する。部屋に電話をかけ、「問題ありませんか？　何かお役に立てることはありますか？」とたずねる。誰も電話に出なければ部屋に向かい、マスター・パスでドアを開ける。ドアチェーンが掛かっていたらボルト・カッターで切断して部屋に入る。何事もなければそれに越したことはない。

10．ホテル内で問題や不備を発見したら、その解消のために動き、継続的な改善に努めなくてはならない。「誰かがやるだろう」と考えてはならない。

床に何かがこぼれていたら、自分の仕事が何であれ、誰かが滑って転ばないよう、すぐに拭き取らなくてはならないということだ。

初期にオープンしたホテルの一つで、バスローブがいつも床に脱ぎ捨てられていることに気づいたハウスキーパーがいた。彼女は、シャワーのそばの壁にフックを付けたらいいのではないかと考えた。ホテルは彼女の提案を採用し、すべての部屋にバスローブ用のフックが取り付けられた。いまではホテルチェーン全体で取り付けられている。

11．お客様が困っていたら、わが事として引き受け、すぐ問題解決に着手しなければならない。問題を解決してお客様に満足してもらうために、全従業員に独自の判断で行動する権限が与えられている。問題を文書化する必要がある場合は「QIAF」（Quality Improvement Action Form：品質改善行動報告）に従うこと。

12．お客様に場所や道順をたずねられたら、お客様が安心できる地点まで、あるいは目的地が見える所までエスコートする。言葉だけで説明したり、指で方向を示すだけの案内をしてはならない。

13. お客様に対応しているときは、ほかのことに注意を逸らさず、お客様にだけ意識を集中させる。即座に、気遣いを忘れず、タイムリーにサービスを提供する。
具体的注意としては、コンピュータの画面、時計、携帯電話などに視線を向けてはならない。

14. お客様のプライベートな時間とプライバシーを尊重し、サービスを提供する際は、その妨げにならないよう注意しなくてはならない。
有名人にサインをお願いするなど、お客様からの好意を求めてはならない。自撮り写真を求めることなどは、もってのほかである。

15. カペラは記憶に残るユニークな経験をお客様に提供する。お客様に喜ばれる驚きを提供できるサービスができないか、頼まれる前に自ら進んで工夫すること。

16．お客様の行動スタイル、ペース、状況に配慮し、そのときどきの環境にふさわしく、個性に合った経験を楽しんでいただくことが大切である。

テキサスの若い家族とイングランド銀行の会長に、同じように接することはしないということだ。以前、とても活発な2人の男の子がいる一家が宿泊した。兄弟はプラスチックのホッケースティックとパックを使って廊下で遊び始めた。もちろん、それを続けられたらホテルは困る。そこで、ただ止めてもらうのではなく、「いい考えがある。今日は使っていない会議室があるから、椅子を片づけてあげよう。そこで遊んでもいいですよ」という方法で問題を解決したのだ。全員がハッピーになれた。これとは対照的に、何事にもフォーマルで控えめなお客様もいる。

17．私たちの外見、身だしなみ、立ち居振る舞いはカペラを代表している。非の打ちどころのない服装や個人的イメージが求められる。「こんにちは《ハーイ》」「いいですよ《オーケー》」「大丈夫です《ノー・プロブレム》」「みなさん《ガイズ》」など、カペラのイメージにそぐわない言葉遣いをしてはならない。

18．公に告知している営業時間は目安であって、制限ではない。その時間を過ぎたからといって、お客様の要望や好みに応えられないことの理由にしてはならない。

言い換えれば、「残念ですが、いまプールはオープンしていません」とか、「すみません、私の勤務《シフト》は終わりました」などと言ってはいけないということだ。お客様へのサービスに必要なことは、何であっても途中でやめてはならない。

19. 私たちはお客様のニーズを満たすために権限を与えられている。お客様の要求や好みを見極めたうえで、ホテル到着前から滞在終了まで、お客様に個別化された体験を提供することに努めること。

以前、いっぷう変わったリクエストをされるお客様がいた。部屋にティッシュペーパーを7箱置いてほしいというのだ。最初の宿泊で、私たちはそのリクエストに十分に応えることができなかった。再度、利用していただいたときにも同じリクエストがあり、これはしっかり対応しなくてはいけないと気を引き締め、徹底的に要望どおりにした。何かアレルギーでもあるのだろうかと不思議に思ったが、それを詮索するのはホテルの仕事ではない。

この手の話がもっと極端になるのは、映画スターが宿泊するときだ。彼らは、してほしいこととしてほしくないことのリストを送ってくる。あるとき、裏表に書かれたリクエストが19枚も送られてきたことがあった。芸能人の中には、理由はさまざまだろうが、窓を完全に締め切ることを求める人がいる。真っ暗闇の中で眠りたいということだろうか。日除けカーテンを固定するだけでは済まず、部屋にある電気製品の小さな点灯ランプをテープで隠さなくてはならなかったこともある。「午後1時以前に廊下で掃除機をかけないこと」という具体的な指示もあった。いろいろなお客様がいらっしゃるものだ。

20. お客様にカペラを満喫していただくためには知識が不可欠である。ホテルが提供するサービスとアクティビティはもちろんのこと、地元の観光資源、歴史、伝統などについても知っておく必要がある。

この点に関連して、ある非営利団体のリーダーが言ったことを紹介したい。「会員に対する最悪の物言いは、〝私にはわかりません。誰かほかの人に訊《き》いてください〟だ」

21. 秘密保持はカペラの最優先事項である。報道関係者や社外の人間に、ホテルのことやお客様のことを話してはならない。誰かから情報提供を求められたら、総支配

人に報告すること。

記者とゴシップ・コラムニストには申し訳ないが、そういうことなので悪しからず。

22. 職場の中でも外でも、前向きな気持ちを保つこと。ホテルについても、個々の従業員についても、良い環境や評判を獲得することは私たちの責任である。

私は従業員に、会社への忠誠心を求めることをためらわない。そして、次のように呼びかける。

「会社に忠誠心を持ってください。あなたはこの会社によって生計を立てているのですから。仕事仲間についても、このホテル全般についても、前向きなこと以外は話さないでください。職場にいるときだけでなく、職場以外の別の場所にいるときもです。あなたが職場について話すことは、自分自身について話していることでもあるということを、忘れないでください」

23. あらゆる形態の文書によるコミュニケーション（掲示物、手紙、eメール、手書きのメモなど）は、それを受け取る人にホテルのイメージを伝える。

なぜなら、それらすべてにコミュニケーションの機能があるからだ。レストランのメニューに染みがあったら、お客様はキッチンも汚れているのだろうと思うだろう。文書にスペルミスがあれば、ほかのことでも雑な仕事をしているのだろうというイメージが伝わる。100人中99人は気づかないかもしれないが、私たちは100人のお客様全員に戻ってきてほしいし、私たちを信頼してほしいのである。

24. サービスのプロフェッショナルとして、常に親切に行動し、お客様に対しても他の従業員に対しても、その尊厳を認め、敬意を持って接すること。

ここでは、「お客様に対して」だけでなく、「他の従業員に対しても」と書かれていることに注意してほしい。やさしや親切さは、お客様が近くにいるかいないかで、スイッチをオンにしたりオフにしたりできるものではない。採用面接の際、応募者はよく「素晴らしい職場環境」を望んでいると言う。誰がそれをつくるのか。全員だ。働いている人間が互いにどう接するかは、職場環境を決定づける大きな要因である。

ホテル業界では、社内の場所や手順を表す「バック・オブ・ザ・ハウス」(家の裏)という言葉がよく使われる。だが、私たちはその言葉の使用を禁じている。これに代わる言葉として、「ハート・オブ・ザ・ハウス」（家の中心）と言っている。働く仲間全員が互いの目を見て明るくあいさつし、助け合うことができれば、良好な職場環境をつくることができる。そこで働く自分たちにとっても、お客様にとっても、それは喜ばしいことである。

何度も繰り返し、年に12回以上も聞かされれば、「サービス・スタンダード」は従業員の心の奥深くに定着していく。これを記した折りたたみのカードがあり、必要なときに取り出して読めるよう、従業員は常にポケットに入れて持ち歩いている。理屈抜きにこの「サービス・スタンダード」に従うことが、このホテルで働く従業員の第二の性質になる。**ここではこうやる、それが当然だ、**と思うようになるのである。

なぜ何度も繰り返すのか

ここまで読んで、こう思っている人がいるかもしれない。毎日忙しくて、そんなことを毎日従業員に伝えている時間がない。次々に締め切りがあるし、仕事のペースが速すぎて、そんな暇はない。

これを始めた当初、実際にそういう意見を、投資家たちから何度も聞かされた。資産運用マネジャーたちは、決まってこう言った。「毎日10分って、何を考えているんですか？　全社で何時間つぶれることになるか、わかっているんですか？　人件費の無駄遣いです」

私の回答は簡単だ。「あなたは私に、自分の仕事のことを知らない、愚かな従業員を抱え続けさせたいのですか？　それがあなたの願いですか？　この10分は、全従業員の、全就業時間の中で、最も重要なものです」

正直に言うと、これは私がホテルで働き始めたとき、ヨーロッパのどの高級ホテルでもやっていた標準的な方法だった。支配人やメートル・ドテルが私たちを整列させ、指示を与えたり、服装や身だしなみをチェックしたりしたことを、いまでも覚えている。爪はきれいか？　靴は磨かれているか？　髪はきちんと梳《と》かされているか？　制服に皺《しわ》や染《し》みはないか？　何はさておき、この検査に合格しないと、お客様の前に出させてもらえなかった。

アメリカに来て、やがてリッツ・カールトンを立ち上げる機会を得たとき、私はいくつかの意図を持ってこのスタンドアップ・ミーティングを導入した。第一に、そして何よりも、私は上から下まですべての従業員に、会社の価値観を知り、理解し、コミットし、それに従って働いてもらいたかった。それまでの経験で、痛い失敗とともに、1回だけのオリエンテーション・スピーチでは足りないことを学んでいたからでもある。

第二に、私はブランドの一貫性を強化したかった。リッツ・カールトンは若く、急成長し、絶えず変化し、世界各地に展開していた。上海や大阪のリッツ・カールトンのお客様は、アトランタやラグナニゲルのお客様と同じ扱いを受けているだろうか？　スタンドアップ・ミーティングは毎日、すべての場所で、すべての従業員に、すべてのシフトの前に、同じメッセージを伝えるための手段だった。

第三に、ホテル業界の転退職率は高く、常に新しく入ってくる従業員がいる。彼らに私たちの精神を教え続ける方法が必要だった。言った言わないの食い違いから生じる混乱は、最小限に抑えたかった。

「その仕事は、こうするように言ったはずだ」

「いいえ、聞いたことがありません」

「いや、聞いているはずだ。オリエンテーションで話した」

「私が出席したオリエンテーションでは、そんな話はありませんでした」

こんな混乱は、全員が同じメッセージを、繰り返し何度も、同時に聞かされていれば発生しない。すべての従業員が、そのメッセージを印刷したカードを持っていればなおさらだ。

第四に、ホスピタリティ業界で働く人々は、限られた教育しか受けていないことが多い。その多くは移民で、英語の読み書きができない人もいる。椅子に座らせて行う研修は、しばしば効果がないばかりか、彼らを萎縮させてしまうことさえある。シフトの始めの数分間、仕事場の隅や通路で立ったまま行うミーティングのほうが、ストレスが少ないのだ。そのほうが話をしっかり聞けるし、質問をしたり、自分の意見を述べたりして、会社に貢献する自信を持つこともできる。

最後に、このスタンドアップ・ミーティングにより、経営陣は、いま会社全体で何が起こっているか――新しい取り組み、プロモーション計画、良い知らせ、そして直面している問題や課題など――を従業員に知らせることができる。

それによって、従業員は組織の考え方や目的に沿って行動することができる。さもなければ、彼らは暗がりの中で、手探りをしながら働かなくてはならない。会社全体について何もわからないまま、自分に割り当てられたタスクをこなすだけの部品になってしまう。

緊急の仕事と重要な仕事

スティーブン・コヴィーは、ベストセラーとなった『7つの習慣』の中で、「緊急の仕事」と「重要な仕事」の違いについて述べている。「緊急の仕事」とは、かかってきた電話、飛び込んできた用事、時間を食う無意味な打ち合わせなどのことだ。一方、「重要な仕事」とは、プランニング、関係づくり、新しいチャンスの発掘などだ。

コヴィーは、仕事をその性質によって4つに分けている。

第Ⅰ領域：緊急かつ重要な仕事
第Ⅱ領域：緊急ではないが重要な仕事
第Ⅲ領域：緊急だが重要ではない仕事
第Ⅳ領域：緊急でも重要でもない仕事

そして、重要な仕事の2つの領域についてこう述べている。

第Ⅰ領域（危機への対応、差し迫った問題、期限のある仕事など）ばかりを意識していると、それだけがどんどん大きくなり、やがてあなたを支配してしまう。それは浜辺に打ち寄せる波のようなものだ。大きな問題が打ち寄せてきてあなたを押し倒しては、引いてゆく。何とか起き上がったと思ったら、すぐに次の波が押し寄せてきて、あなたはまたも倒れる。

コヴィーは続けて次のように書いている。

第II領域は、効果的なパーソナル・マネジメントの鍵を握る領域である（私＝シュルツ＝はこれに、会社のマネジメントも付け加えたい）。この領域に入るのは、緊急ではないが重要な活動である。（中略）こうした活動はやらなければいけないとはわかっていても、緊急ではないから、ついつい後回しにしてしまうことばかりだ。

コヴィーは第II領域について、次のようにまとめている。

大学生、組立ラインの作業員、主婦、ファッションデザイナー、会社の社長など、誰であれ、第II領域に何があるのか自分に問いかけ、それらの活動に主体的に取り組めば、

仕事のレベルは飛躍的に向上するだろう。先を見て考えるのだから、危機や問題は管理できる範囲まで減っていく。（出典1）

第Ⅱ領域に当てはまる仕事では、自らに課した規準を長期にわたり、熱心に、繰り返し強化することが重要だ。緊急のことだけでなく、重要なことに取り組むことを忘れてはならない。

積み重ねの中で大切なことが強化される

長年にわたり、私は多くの会社に、この種のミーティングで繰り返し従業員教育を行うことを勧めてきた。これをフットボールよろしく、「ハドル」と呼んでいる会社もある。もちろん、自分たちの状況に合わせて、独自の内容にしたうえでのことだ。

だが、内容は違っても共通しているのは、どの会社も、市場でリーダーになるためには自分たちの強みを強化し続ける必要がある、と認識していることだ。そうでなければ必ず滑り落ちる。

ニューヨーク市にあるホテルを引き継ぎ、テコ入れに乗り出したとき、私がすぐに気づいたことの一つは、仕事の進め方を指導し、サービス品質を維持するためのミーティングが、行われていないことだった。私はそのホテルで何が行われているのか（あるいは行われていないのか）を自分の目で確かめるために、3カ月間そのホテルに移り住み、スタンドアップ・ミーティングを毎日実施した。

ある日、私はこう呼びかけた。「さて、昨日何か良いことがあった人はいませんか？誰か話してくれませんか？」

ハウスキーパーの一人が口を開いた。「お母さんと小さな女の子が泊まっている部屋があって、昨日がその女の子の誕生日だとわかったんです。それで私、通勤の途中で彼女のために小さな人形を買いました。とても喜んでくれました」

「すごい、そこまでしてあげたのですか？」

思わず大きな声が出てしまった。みんなも拍手で応えた。

「素晴らしい！　まず、あなたが払った人形の代金は、私が払います。それから、もしかしたら知らないかもしれませんが、私たちには、長く続いている『ライトニング・ストライクス』（「うれしい驚き」）という制度があります。誰かが特に良いことをしたら、50ドルのボーナスが支給されるというものです。このホテルでも実施するので、あなたにもすぐ届きますよ！」

別のハウスキーパー（ミャンマーからの移民）は、長期滞在客の部屋で、あるブランドの歯磨き粉がなくなりかけていることを報告し、「このお客様のために、そのブランドの歯磨き粉を買ってもいいですか？」とたずねた。

「もちろんです。このお金で買ってください。隣のドラッグストアにあるだろうから、すぐに買ってきてください」

従業員のこうした行動によって、お客様は満足感を味わい、ロイヤルティを強め、繰り返し利用してくれるようになる。このホテルでは全従業員がゲストを気遣い、ニーズや欲求を察知してサービスを提供してくれると実感してくれる。「サービス・スタンダード」の15番のお手本のような行動だ。こうした行動が、サービスをさらに高い次元（パーソナライゼーション）へと押し上げるのである。

従業員の側も、こうした積み重ねの中で前向きになり、自分に与えられた権限を実感するようになる。自分は大きな機械の小さな歯車ではなく、会社をより良くするために創造力を発揮できる存在だ、という自覚と自信を持つようになるのである。

改善は現場の力で

スタッフ間の交流、会話、助け合いが増えれば増えるほど、業務はスムーズに進行する。これは組織の重要課題の4番目、すなわち効率性を高めるための取り組みの一環でもある（67ページ参照）。

アトランタのバックヘッドにオープンした最初のリッツ・カールトンでは、午後の時間にお茶を提供した。地元のご婦人方は、友だちとホテルに立ち寄り、お茶を飲みながらおしゃべりをしたり、ピアノの生演奏を聴いたりできる雰囲気を気に入ってくれた。とりわけ、美しいウェッジウッドのカップとポットがお気に入りのようだった。それで収益が上がったわけではないが（カップは1客100ドルもした）、それで優雅さが醸し出されていることは確かだった。

ところが、ちょっとした問題があった。出されるお茶が冷めているという苦情がやまなかったのだ（製品の欠陥）。もちろん、申し出てくれたお客様には熱いお茶を出し直したが、余分なコストと時間がかかったし、次のお客様への対応も遅れがちになった。ぬるいお茶を出されたご婦人方は友だちにそのことを話したので、私が確立したいと願っていたホテルの評判が、少しずつだが毀損されていった。

私は料飲部のマネジャーを呼びつけて叱ることもできた。「なぜこんなことが起こるのかね？　二度と冷めたお茶を出さないようにしてください」

そう言われたマネジャーは、持ち場に戻って部下たちに「なんとかしろ！」と号令をかけるかもしれない。しかし、そんなやり方では問題は解決されず、全員に後味の悪さが残るだけだっただろう。

良い方法はないかと考えて、私はスタンドアップ・ミーティングの最後に、スタッフ一同にこう呼びかけた。「私たちはお客様の期待に応えるだけでなく、それを上回るという高い目標にコミットしています。だから、アフタヌーン・ティーが冷めた状態で提供されてしまう原因を調べてみましょう」

案の定、現場のスタッフが原因を発見した。ティーカップが製氷機の真上に保管されていたのだった。お茶が冷めるのも不思議ではない。ということで、この問題はあっさり解決した。

それとは別に、ティーポットには頭の痛い問題があった。注ぎ口が頻繁に欠けるという事態が発生していたのだ。1個200ドルもしたので、買い換え費用はばかにならなかった。この問題にも現場で取り組んだ。「なぜ、ティーポットが壊れるんだろう？　原因を探ってみよう」

食器洗いチームが原因を見つけるのに、それほど時間はかからなかった。ティーポットはベルトに乗って食洗機に近づいていき、あるポイントに来るとバーが下りて止まる。そのとき、たまたま注ぎ口が前を向いていたらアウト。あっけなく破損した。そこで彼らは、柔らかいゴムで、注ぎ口を保護するホース状のガードをつくった。ポットをベルトに乗せるとき、注ぎ口にガードをかぶせるようにしたら、それ以後、注ぎ口の破損はぴたりとやんだ。

マネジャーも私も、この解決策を自分で考え出すことはできなかっただろう。解決のためには、現場のスタッフに、問題の分析と解決のために自由に動いてもらう必要があった。誰も好き好んで冷めたお茶を出したくないし、ティーポットを壊したくはない。自分の仕事を正しくやり遂げたいと思っている。仕事を効率的に行い、経費を節約する必要があることもわかっている。だからこそ、彼ら自身を問題に関わらせたとき、解決策を見つけてくれたのだ。

経理担当者から「午後のお茶にこんなにコストがかかる理由がわからない」と言われたら、典型的なマネジャーならこう考えるかもしれない。「そもそも、なぜ高価なウェッジウッドを使う必要がある？　安いのに換えればいいじゃないか。10ドルのポット、2ドルのカップで何か不都合でも？」

そんなことをしたら、コストは削減できても、お客様の体験は安っぽいものになり、ブランド力は低下して競合に負けてしまう。

優れたリーダーは、そんなことはしない。街で最高のティータイムを提供するというゴールから、片時も目を離さずに行動する。そのためには、何か問題が発生したとき、従業員に助けてもらって真の解決策を見つけなくてはならない。全員が高い規準にコミットし、その姿勢を強化し続ければ、会社はいつまでも前進することができる。

CHAPTER

9

部下の心に熱い炎をともす

MANAGERS PUSH; LEADERS INSPIRE

「マネジャー」と「リーダー」の違い

世界中の経営者は、無意識のうちに、社員の多くはいやいや働いている怠け者で、尻を蹴飛ばさなければ仕事をせず、黙っていても動くやる気のある人間はわずかしかいないと思っている。

もちろん、そんなことをあからさまに言うリーダーはいない。だが、心の底ではそう考えている。そして、それがリーダーに課せられた宿命的な重荷だと思っている。

ありがたいことに、ムチを振り回して怒鳴り散らす奴隷使いの時代は終わった。今日、生産性を上げるための方法は巧妙になっている。だが、もっとうまくやる方法はないのだろうか。ボスにあれこれ指図されて仕方なく働く人間と、その仕事をやりたいからやる人間とでは、どちらが良い仕事をするだろう？　もちろん後者だ。

人を雇ったら、自分の仕事を会社の目標と結び付けさせるのがトップの役目だ。上から下まで多くの社員がお客様の要望を理解し、それを効率的に満たそうとして動く会社ほど、大きな成功を収めることができ、リーダーの悩みの種は小さくなる。

人間には二つの基本的な欲求があると、私は考えている。

- 目的を持って生きる
- 他者と関係を結ぶ

私たちは、目的のない人生を送るようには設計されていない。何か価値のあることをしたいと願っている。絵を描くことでも、道具小屋をつくることでも、月へ行くことでもかまわない。何かを達成し、「自分はこれを成し遂げた」と誇れる人生を送りたい存在としてプログラムされているということだ。

そしてその過程で、他の人間と関係を結びたいと願っている。私たちは人とつながり、話し、聞いてもらい、交流し、新しいアイデアを獲得し、人を助け、そして愛したいと思っている。

すべてのビジネスリーダーの仕事は、この二つの事実を受け入れ、それを自分の仕事に取り入れることだ。私は、メレディス・コーポレーション（10誌以上の全国誌を発行している出版社）の元社長である、ジェームズ・オートリーが著書に記した次の言葉が好きだ。

ビジネスは、芸術や科学と同じように、人間の知性と想像力の中で芽生え、形をとって姿を現す。だから、知性や想像力とともに、発展もすれば衰退もする。

実際、ビジネスなどというものは存在しない。あるのは人間だけだ。ビジネスは人の中だけに、そして人のためだけに存在する。

それはビジネスのあらゆる側面に当てはまる単純な話だが、そのことをわかっている者は少ない。

経済動向の予測や指標、比率、レートなど、あれこれ数字を見せられると、ほかの惑星から来た人なら、実際に見えざる手が市場で働いていると思うかもしれない。

そうした数字を見ていると、そもそもそれは何を測った数字かを忘れそうになる。あらゆる数字は――生産性でも賃金でも――企業や従業員の成果を測定するために、誰かが工夫した道具にすぎない。マネジャーにとって最も重要な仕事は、測定ではなく動機づけだ。数字を動機づけることはできない。（出典1）

最後のセンテンスなど、大文字にして、さらに太字で強調したいぐらいだ。企業や組織を率いるリーダーは、数字いじり《ナンバーズ・ゲーム》をしているのではなく、最善の結果を得るために人間相手の仕事《ピープル・ゲーム》をしているのだ。向き合うべき相手は、お客様、従業員、同僚、会社のオーナー、その他すべての人々である。

人間は目的と関係を追い求める存在であると考えないリーダーは、社員から搾取する悪徳経営者に成り下がってしまう。彼の日々は——来週も、来月も、来年も——己の利益のために、すきあらば他者の才能とお金を掠《かす》め取ろうとする強欲さで埋め尽くされてしまうだろう。社員からの信頼はたちどころに失われる。社員が可能性を開花させ、立派な仕事をする機会は奪い取られる。社員は心を枯れ果てさせるか、さもなければ、もっと健全な環境を求めて逃げ出していくだろう。

次のように区別しても間違いではないだろう——マネジャーは強制し、リーダーはやる気にさせる。ただ社員を追い立て、監視し、叱っているだけの人は、自分をリーダーと呼ぶのをやめていただきたい。そんな人は胸に手を当てて、部下の心に火をつけるに存在になるために何を変えればよいかを自問していただきたい。

無意味なスローガンを口にするな

社員を奮い立たせて仕事に向かわせるのに必要なのは、熱弁でもなければ、気の利いた言い回しでもない。事実、口先だけの働きかけは、何の役にも立たないばかりか、部下たちから冷ややかな目で見られるのが落ちだ。

ジョージ・オーウェルの有名な小説『1984年』を読んだ高校時代のことを覚えているだろう。そこに描かれた未来の世界では、「ニュースピーク」と呼ばれる言葉の言い換えが行われており、強制労働収容所は「ジョイキャンプ」と呼ばれていた。

以下は、今日の組織でよく聞かれる、そんな言葉遣いの例だ。

「われわれはチームだ！」

もちろん、共通の目標の下に全員が団結しているなら、この考え自体は間違いではない。フットボールチームは、おそろいのユニフォームを着たり、ハイタッチをするためでなく、もっと大きな目的のために存在する。それは、相手チームよりも多く、ゴールラインを越えてエンドゾーンに入ることだ。そのために各選手に役割が与えられ、チームも特定のルールに従って活動している。決められた練習時間に集まらなければならないし、プレイブック〔フォーメーションを収録した本〕を暗記しなければならないし、コーチの要求には従わなければならない。

会社に目標がなく、社員が自分の役割をわきまえていなければ、ボスがどんなに「われわれはチームだ」と熱弁しても、むなしいだけだ。

人はなぜ引退するのか、疑問に思ったことはないだろうか？　これまで働いてきたが、意味のある貢献ができたとは思えないから引退する、という人が多い。ある機能を埋めるだけの仕事に時間を費やしてきたが、その檻《おり》から逃げ出すために引退する、というわけだ。

「みなさんはアソシエイトです！」

「アソシエイト」（仲間・同僚）というのは、「従業員《エンプロイー》」を意味する体のいい新語だ。この言葉を聞くと、「何と結び付いている《アソシエイト》のか？」と問いたくなる。そう呼ばれている従業員は、何か大きなものと結び付いているという実感、組織の大義や目標に統合されているという手応えを、感じているのだろうか。そうでなければ、名刺に印刷された肩書きになど、何の意味もない。

頼まれてコンサルティングをしている会社の中に、全従業員を「アソシエイト」と呼んでいる会社がある。そこのアソシエイトたちに「あなたの会社の目的は何ですか？　あなたの仕事はそれとどう結び付いているのですか？」とたずねると、きょとんとされる。何か筋の通った答えが返ってきたためしがない。要するに、何も考えていないのだ。

「私たちは家族です！」

「家族」という言葉は貴重で、感情に訴える響きがある。それは愛、安全、思いやり、保護、豊かさ、アイデンティティ、継承された伝統、といったものを感じさせる。生まれ育った家庭に問題があった人でも、家族はこうであってほしいという願いを持っている。

それだけに、社員を「家族」と呼ぶ会社は、悪気はなくても、誇大な主張をしている可能性がある。「家族」と言うのなら、互いを気遣い、関心事に配慮し、能力を高め合い、各自が持っている善きものを信頼しなくてはならない。掛け値なしにそういう会社になるまでは、「家族」という言葉はふさわしくない。夏のピクニックやクリスマスパーティーを開けば、社員の中に何がしかの帰属意識は生まれるだろう。最初の一歩はそんなことかもしれないが、「家族」と呼べるようなつながりを築くには、まったく不十分だ。

「アラインメントが大切だ！」

企業のリーダーは、口を開けば「アラインメント」（整列・調整）と言う。だが、話すとわかるが、彼らはそもそも、会社経営においてアラインメントが何を意味するかを知らない。

社員を一列に並ばせればよいという話ではない。ある会社の社員たちに7分の時間を与えて、自分たちの会社は何であるかを書いてもらったことがあるが、出てきた答えは、気の毒なほどばらばらだった。

真にアライメントが実現している組織では、入ってきたばかりの社員も含めて、全員が会社の目的と動機を理解している。会社がどこに向かおうとしているかを知らされているし、会社が追求する価値と自分のつながりも理解している。顧客の期待を知っているし、さまざまな状況にどう対処すればよいかを知っている。

「みなさんに権限を委譲します！」

権限委譲《エンパワーメント》の約束は、社員の心の奥にある願いを刺激する。誰も無力ではいたくない。違いを生む力を持ちたいと願っている。手と足だけでなく頭も使いたいし、会社には、自分が会社のために行動していると信頼してほしいと思っている。

しかし、10セントの経費を使うのにも細かい報告を求められるようでは、とてもではないが権限を委譲されているとは感じられないだろう。会社は自分が知的な意思決定ができないと考えている、と思うだろう。これでは、社員は会社を前に進めるエンパワーされた存在ではなく、ただの歯車だ。

「オープンドア・ポリシーです!」

これを額面どおりに受け取れば、いつでも、何についてでも、上司に相談したり、意見を言ってかまわないということになる。媚びへつらわず、本音で話してかまわないということだ。しかし、そう言われても、ほとんどの社員は、厄介な問題をあえて口にすることはない。報復が怖いからだ。内部告発した社員がどんな目に遭わされたかも、耳に入っている。黙っていたほうが身のためだ。ドアは開いているかもしれないが、中に入って、ボスにとって耳の痛いことを話す勇敢な人間は少ない。

テレビ番組「アンダーカバー・ボス」の人気は、現場で何が起きているかを知るために社長室を出て、潜入調査《アンダーカバー》する経営トップがいればこそである。登場するトップは、目の前にいるのが社長だとは知らない社員から、前々から会社や経営者に言いたかったことを聞かされる。視聴者がこの番組を面白がるのは理解できる。多くの人が、自分もこんなふうに率直に、上司に話したいと思っているに違いない。

「わが社はB2Bです！」

B2B（business-to-business）企業であっても、製品やサービスを買ってくれる相手企業の担当者は生身の人間だ。好き嫌いがあり、感情や意見を持ち、願いや志を持っている。今後も取引を続けてもらえるかどうかの鍵は、彼らが握っている。

半導体チップを製造してヒューレット・パッカードやデルに販売している会社は、クリーンルームでシリコンを加工しているだけではない。製造したチップが回路基板《マザーボード》に自分を売り込んでくれるわけでもない。その会社は、人間の集まりである別の会社に、最終製品に使ってもらえる何かを売ろうとしている。そしてその別の会社は、人間の集まりである市場に、家や職場で使ってもらう製品をつくっているのである。

「ビジネス」とは、人間と人間の重層的なやりとりを一語で言い表す言葉にすぎない。B2Bなどというジャーゴンで、事の本質をあいまいにしてはならない。

リーダーは、空疎なスローガンではなく、考え抜いた言葉を語らなくてはならない。そうでなければ、社員の敬意を集めることはできない。言うだけなら何でも言える。大事なのは言葉を裏付ける実体だ。そこを取り違えなければ、言葉は組織を一つにまとめ、真に効果的なチームワークを生む接着剤になる。

人は何のために働くのか

他人の目標のために働けと言われて、一生懸命に働く社員はいない。たとえば、株主配当を増やすために頑張ったり、上司が高評価を得るために努力したりする社員はいない。**社員を本当にやる気にさせるのは、社員自身の目的だ。社員個人の目的が会社の関心事と一致するなら、会社にとっても社員にとっても喜ばしいことだ。**

社員が心の深いところで気にかけていることは何だろう？　もちろん、生計を立てるというのは重大事だ。だがそれよりも、敬意を持って扱われたい、誰かの役に立っていると感じたい、自分の仕事の結果に満足したい、という思いが社員を動かす。ハーバード・ビジネススクールのクレイトン・クリステンセン教授は、次のように書いている。

職業人生において確かな幸福を与えてくれるものは何か。それについて重要な洞察を与えてくれる理論の一つが、フレデリック・ハーズバーグ（半世紀前の傑出したビジネス心理学者）によって提起されている。彼は、人生を強く動機づけるものは金銭ではなく、学習、より大きな責任、他者への貢献、そして達成したことに対する承認であると論じた。（出典2）

クリステンセンは論文の結論部分で、ハーズバーグと同じ考えを自分の言葉でも述べている。

適切に行われるなら、マネジメントは最も高貴な職業《プロフェッション》である。マネジメントほど、人の学びを助け、成長させ、責任を引き受けさせ、達成したことへの承認を与え、チームに貢献する方法を提供できる職業はない。どんなにお金を儲けても、人を育てることから得られる報酬には及ばない。私の学生には、そのことを知って教室から巣立ってもらいたい。（出典3）

たしかに、お金は社員のやる気を引き出すのに役立つ。競合他社より50セント少ない時給しか払わない会社は、やがて立ち行かなくなるだろう。だが、お金は最大の要因ではない。もっと重要なのは、自分が価値のある夢の一部であると感じられることだ。突き詰めれば、世界の圧倒的多数の人々は、何かに秀でたいと望み、それを追求できる場を必要としている。彼らはリーダーに対し、そのような環境を設けてほしいと願っているのである。

私がドイツで幼少期を過ごしていたころ、おそらくヴィルヘルム・フルトヴェングラーが20世紀最高のオーケストラ指揮者だった。彼が率いるベルリン・フィルは、本当に素晴らしかった。ナチスの邪悪なイデオロギーを支持しなかった彼は、勇敢にも第二次世界大戦のほとんどの期間、ドイツにとどまってナチスを批判した。当時すべてのドイツ人が行っていたナチス式敬礼も、手紙に「ハイル・ヒトラー」(ヒトラー万歳)と署名することも拒んだ。ナチス帝国は彼を排除したかったが、その音楽があまりにも尊敬されていたので排除できなかった。

何年も後に私は、あるアメリカ人音楽家のインタビューをテレビで見た。その音楽家は、戦争が終わるとすぐ、フルトヴェングラーのオーケストラに雇ってもらいたくてドイツに駆け付けたのだが、そのときの経験についてこう話した。

「あれは最初の日のことでした。次に出番を控えていた私は、リハーサル・ホールの後ろのほうで、自分の楽譜を確認していました。でも、聞こえてくる音楽のせいで集中できませんでした。あんな音楽はそれまで聞いたことがなかった。人間が奏《かな》でているとは思えなかった。体が震えました。よく見ると、指揮しているのはアシスタントではなく、フルトヴェングラー自身だったのです」

この音楽家は、ただ給料を稼ぐためにアメリカからドイツに渡ったのではない。ほかでは体験できない、卓越した音楽から得られる感動のために、ドイツに行ったのである。

優れたリーダーは部下に期待することも大きく、妥協をゆるさない。しかし、それで部下が怯《ひる》むことはない。ときどきため息をつき、この人に満足してもらえる仕事をするのは大変だと思うことはあるかもしれないが、心の底では、そのために努力するのは価値あることだとわかっている。自分も同じように優れた存在になりたい、そうなることで家族や友だちに賞賛されたい、と願っているからだ。

部下への正しい接し方

卓越した仕事をするよう社員を刺激することは、ときには複雑な様相を呈する。誰もが同じように考えるわけではないからだ。

シカゴのハイアット・リージェンシーに勤務していたころ、レストラン部門のマネジャーだった私の下で働いていたアシスタント・マネジャーがいた。いまもときどき思い出す。

頭の切れる若者だったが、私はその仕事ぶりに満足していなかった。私自身経験不足だったこともあり、彼にはかなりきつく当たった。口論になったことも一度や二度ではない。事態は悪化し、私はスタッフ・ミーティングで、「彼を辞めさせようと思う」とまで口にした。「ウソだろう?」と客室担当マネジャーが言った。「それなら、こっちで引き取ってもいいか? フロント業務に向いている気がするんだ」

「もちろんかまわないさ。でも、彼はこのホテルにはふさわしくないと思うよ」

ところが、この若者は新たに与えられた役割で、素晴らしい仕事ぶりを発揮した。私は、自分はどこで間違ったのだろうかと、自問せずにはいられなかった。彼にはもっと柔らかく接するべきだったのに、厳しく接してしまった。別のリーダーの下で、彼は生き生きと働いた。実際、彼はその後、ホテル業界でさらに大きな責任を担う人材へと成長したのである。

私は彼を脇に連れていき、静かにたずねるべきだった。「昨日のことをどう思う? あれは、〝紳士淑女にサービスを提供する紳士淑女たれ〟というモットーにふさわしいやり方だったと思うかい? もっといいやり方があったんじゃないかな?」

そうたずねていれば、彼はきっと良い答えを思いついたはずだ。いまさらだが、私はそれを疑っていない。

そのあたりのことを、ジェームズ・オートリーが適切に表現している。

良いマネジメントとは、主に愛の問題だ。愛という言葉がしっくりこないなら、世話《ケア》と言い換えてもよい。なぜなら、適切なマネジメントとは、部下を操作することではなく、世話をすることだからだ。（出典4）

リーダーにとって最大の報酬とは

仕事を長く続けていると、いま紹介したような若者が立派に育つのを見る機会も増え、それが私にとっての喜びとなっている。うまくやる気を引き出せたと思える場合もあるし、そうでない場合もあるが、いずれにせよ、かつての部下がホテル業界のあちこちで、重要な役割を果たしているのを見るのは楽しい。

少し前のことだが、私はインドネシアのバリ島にあるホテルのグランド・リオープンに参加した。それまでリッツ・カールトン系列だったが、所有者がカペラに経営してほしいと頼んできたのだった。

数百人を集めた盛大なレセプションが行われ、政治家、村の長老、観光業者、旅行代理店など、多彩な顔ぶれが集った。そこで私は、このホテルの将来について、短いスピーチをするよう求められた。

話し終えて席に戻ると、内気そうな若いインドネシア人が、私と話そうとして待っていた。

「シュルツさん、お忙しいと思いますが、少しいいでしょうか」

「もちろんです。何でしょう?」と私は答えた。

「シュルツさん、このホテルがリッツ・カールトンとしてオープンしたとき、私は宴会担当のウエイターでした」と彼は話し始めた。「あなたがオリエンテーションで話をしてくれたとき、私は部屋の後ろのほうにいて、ひとことも聞き漏らすまいと思いながら聞いていました。あなたが部屋を出た後で、私はあなたが描いたフリップチャートを家に持ち帰り、復習しました。いまでもあなたの話を、一字一句違《たが》えず覚えているほどです。いま私は、ウブド（バリで最も有名な観光地の一つ）の山にあるホテルの支配人をさせてもらっています。あなたの教えのおかげです。それでひとこと、お礼が言いたくて声をかけさせていただきました」

ああ、なんと満ち足りた瞬間だったことだろう。忘れられない、素晴らしい一日になった。いや、一日どころではない、素晴らしい年になった。

思い返せば、ティーンエイジャーだった私は、一人の優れたメートル・ドテルからお客様との接し方を教わったのだ。いま、その歴史が繰り返されている。ツァイトラーさんはお客様の人数や、支払われた金額を気にしたことはなかった。私は彼から、お金を見て働くのではなく、お金をもたらしてくれるものを見て働くことを教えられた。

オリエンテーションで話をするときはいつも、この中の一人にでもいいから、私の言葉が届きますように、と祈っている。私が言ったことを理解し、心に留め、仕事に活かしてくれますようにと。バリ島でのオリエンテーションで、その祈りが通じていたことを私は知った。

社員を奮い立たせることは、会社の成功にとって不可欠だ。それは、リーダーの思いをはるかに超えて、豊かな実を結ぶことがある。

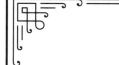

CHAPTER

10

社員と会社の間の壁を乗り越える

BRIDGING THE GULF BETWEEN MANAGEMENT AND LABOR

社員は何に帰属意識を持つか

ここまで、リーダーと部下はビジョンを共有し、力を合わせて、大きな目的を追求することが必要だと論じてきたが、素直に同意できない読者もいるに違いない。「理屈はわかるが、実際に自分が置かれている現状では、うまくいくはずがない」というわけだ。

労使関係については、根本的に異なる二つの考え方が存在する。

社員からさまざまな要求（賃金、休暇、福利厚生など）を突きつけられ、嫌な経験をしたことのある経営者には、社員の要求は収益を圧迫するものでしかないように見える。その見方から生まれるのは、対立と怒りだ。

20世紀初頭（一部ではそれ以前から）の労働組合の台頭が、労使が互いを敵視していることを物語っている。組合が存在しない場合でも、礼儀の薄皮を剥《は》ぎ取れば、その下から根深い敵意が姿を現すことがある。これはどうしようもない現実なのだろうか？

私はこれまで何十年も、労働組合《レイバー・ユニオン》を相手に仕事をしてきた。特にホテル外食産業国際労働組合（HERE。現在はUNITE HERE傘下にある）とは深い付き合いだ。なぜ多くの労働者が組合に加入するのか、私なりに考えてきた。労働者に、利害を共有できるコミュニティを提供してくれるから、というのが私の結論である。雇い主がそれを提供してくれないから、組合が必要とされているのだ。ごく普通の労働者は、こんなふうに言う。

「ボスは私のことなんか気にかけていないけど、組合は気にかけてくれるからね」

労働組合は真空を埋めてくれる存在なのである。

名称の「組合《ユニオン》」という言葉からして、一体感、仲間意識、共通する何かを有する集団、という性格が感じられる。国際電気産業従業員組合《インターナショナル・ブラザーフッド・オブ・エレクトリカル・ワーカーズ》（ＩＢＥＷ）や全米自動車労《ユナイテッド・オート・》働組合《ワーカーズ》（ＵＡＷ）など、最大規模の労働組合の名前にも、同じような気持ちをにじませる言葉が使われている。

これは、人間誰もが持つ、何かの一部でありたいという欲求を物語っている。自分は会社の目標とは無関係な存在だと感じたら、社員は自分の権利と利益のために闘ってくれる労働組合の理念の下に結集するだろう。

ニューヨーク市は労働組合が強い都市として知られるが、同市のホテルを引き継いだときのことを覚えている。それほど大きな施設ではなかった。最初の従業員満足度調査では、自分の仕事に満足している従業員は50％を少し上回るほどしかいなかった。従業員の満足度がこれだから、顧客満足度も推して知るべしで、60％をわずかに上回るレベルで低迷していた。

私が雇った総支配人は、従業員に新しい意識を植え付け、ホテルの明日の姿を思い描かせるうえで見事な仕事をしてくれた。ホテル事業にとっては厳しいニューヨークという都市で、どうすれば優位性を確立できるだろう？　どうやって新しい名声を獲得できるだろう？　それを従業員にも考えさせた。

2年後、従業員満足度は90％、顧客満足度は92％まで上昇した。その間に、労使が締結していた労働協約が更新の時期を迎えたのだが、従業員側はなんと、リッツ・カールトンの「クレド」と24項目の「サービス・スタンダード」を、新たな協約に盛り込んでほしいと求めてきたのである。彼らはこう言った。「これは私たちのホテルが目指す姿だ。新しい協約で、これを明文化してほしい」

サンフランシスコも組合の強い都市として知られるが、ここに新しいホテルをオープンさせたとき、私たちは労組と協約を結ばなかった。すぐにピケ隊が押しかけてきた。それから3年間、彼らはホテルの周囲で示威行動を続け、組合の結成を迫った。だが従業員たちが組合への加盟を断った。必要を感じなかったからだ。

それは、私たちが組合のあるホテルより高い賃金を払っていたからではない。賃金はほかのホテルとほぼ同水準だった。違いは賃金ではなく、社員が何に帰属意識を感じていたかにあった。彼らは自分たちを何よりもホテルの一部と感じ、そのことに誇りを持っていたのだ。

私が望む「ボール遊び」

これまで私が体験した組合の抵抗でいちばん激しかったのは、ピッツバーグのホテルだった。ハイアット・ホテルが古いハワードジョンソン・ホテルを買い取り、私がそのテコ入れのために送り込まれた。ピッツバーグといえば全米鉄鋼労働組合《ユナイテッド・スチール・ワーカーズ》（ＵＳＷ）の本拠地である。

そのホテルの平均客室稼働率は30％にも達していなかった。私は、初めてそのホテルを訪ねた暖かい6月の月曜日のことを忘れることができない。新しい責任者としてやってきた私に気づいたドアマンが、こう声をかけてきたのだ。

「こっちに来いよ」

私はドアマンに歩み寄って名札を見た。ジムとあった。

「俺がここで何をしているか、わかるかい？」と彼がたずねた。

「もちろんだとも。お客様をお迎えするドアマンだ」と私。

すると彼は、右の掌《てのひら》を開いて、私が想像もしていなかったものを見せた。それは数珠つなぎにしたペニー硬貨だった！

「俺はこれを握って仕事をしている。横っ面に一発見舞えば、顎をつぶせるって寸法だ」

私は思わず唾を飲み込んだ。

「それはおもしろい。ペニー硬貨にそんな使い方があるとは知らなかったよ」

そんなやりとりをしながら、私はジムの制服に、2つ3つ穴があいているのに気づいた。私はこう思わずにいられなかった。穴のあいた制服を支給している会社が、従業員に何を期待できるというのだろう？

このやりとり以外に、ジムが言ったことで覚えているのは次の言葉だ。

「あんたが俺たちとボール遊びをしてくれるなら、何の心配もいらないさ」

「そうか」と私は答えた。「私がここに来た理由は、きみがここにいる理由と同じで、良い仕事をするためだ。だから、オーナーとお客様ときみたち自身のために、良い仕事というボール遊びをしようじゃないか」

そう言って私はその場を去った。ジムもいつか、私を見かけたら踵《かかと》をそろえてあいさつしてくれる日が来る、と自分に言い聞かせながら。

その数時間後、私の新しい秘書が心配そうな口ぶりで、労働組合の人が会いにきたと告げた。なるほど、険しい表情をした5人の男がオフィスに押しかけてきた。リーダーは地区の副委員長とかで、がっちりした体格をしていたが——ここではウォルターと呼ぶことにしよう——わざわざ椅子を横に向け、私から顔を背けるようにして座った。映画のワンシーンのように思えた。

ウォルターは隣に座っている男にこう言って、一瞬のうちにミーティングの雰囲気を決定づけた。

「クルマが爆破されるところを見たことがあるか、こいつにたずねてくれ」

彼の部下が復唱するのを待たずに、私は答えた。「いや、見たことはない」

「誰か人間が乗っているときのクルマという意味だがね」とウォルターが続けた。私を脅迫していることは明らかだった。

その後、ミーティングは威圧的な警告に終始した。

「われわれの仲間を尊重したほうがいい……妙な扱いはやめておいたほうがいい……」

その夏から秋にかけて、私はウォルターと深く知り合うことになった。彼は毎日午後1時に、秘書たちが働いている私のオフィスに乗り込んできて、「×××ばか野郎はいるか?」とがなり立てた。侮蔑語はやがて、私と母の関係を示す、聞くに堪えない下品なものへとエスカレートしていった。

オフィスに入ると、彼はすぐにデスクを挟んで私の向かいに座り、前日からの24時間に私が犯した〝間違い〟をまくし立てた。「昨日、あんたは従業員に相談することなく、仕事のスケジュールを立てただろう。チャールズが、あんたに命令されたシフトのことで怒っている。なんでそんなことをするんだ?」

次の日。「今朝、われわれの仲間の一人が30分遅れて出社したらしいが、上司に警告されたと言っている。そんな些細なことで、なんで処分しようとするんだ?」

その次の日。「客室担当マネジャーが、モチベーション向上のためだとか言って、くだらない工夫をしているそうじゃないか。従業員をバカにしているのか⁉ われわれを子ども扱いするんじゃない!」

私は、彼があげつらうそれぞれの事柄について、会社が掲げる目標に触れながら事情を説明したが、彼は聞く耳を持たなかった。今日も明日も、今週も来週も、糾弾はやむことなく続いた。

ところが、10月のある日、1時になってもウォルターが現れなかった。1時15分が過ぎ……30分が過ぎ……45分が過ぎた。私は各部門の責任者に電話して、「昨日、何かまずいことがあったか? どんなことでもいいから教えてくれ」と言った。いくつか小さなことについて報告があったが、大きな問題はなさそうだった。

それを確認すると、私はオフィスを飛び出し、8ブロック離れた労組の本部へと走った。ドアを開けて受付係にたずねた。

「ウォルターはどこにいる？」

「会議中です。幹部会議の最中です」と受付は答えた。

私は会議室に向かった。

「入らないでください！」

私は制止を無視して部屋に乗り込み、ウォルターに近づいた。「何をやってるんだ。二人でやることがあるだろう。なんで来ない。来られないなら、電話して知らせろ」

彼は顔を赤らめて叫んだ。「ここはあんたが入っていい場所じゃない！」

「いいか、言っておくぞ。時間どおりに来い。そしてきみの組合のメンバー、そして私の従業員のために、やるべきことを一緒にやろうじゃないか！」

それだけ言い残し、連中の言い分を逆手に取った自分を自分で褒めながら、私は外に出た。

後で聞かされたのだが、私が部屋を出た後、ウォルターはニヤリと笑いながら、自分の下で働いている仲間にこう言ったそうだ。「あのろくでなしは、俺とのミーティングが好きらしい」

自分たちの脅しがなぜ私には効果がないのか、誰もわからないようだった。

ストライキ中の従業員に差し入れをする会社

この出来事の後、組合との関係はいくぶんバランスがとれたものになった。しかし、深いところでは猜疑心が残っていた。そんな中でクリスマスが近づいてきた。当時ハイアットでは、クリスマス・シーズンにすべての従業員に七面鳥をプレゼントしていた。

ウォルターをはじめとする組合指導者たちは、それがいたく不満のようだった。「なんだ、これは？　こんなものでわれわれの仲間を手なずけようというのか！」と声を荒げた。

数分のうちに、組合員にストライキ突入の指令が発せられた。従業員たちは「従業員を不当に扱うな」という急ごしらえのサインボードを掲げ、抗議の言葉をコールしながら、ぞろぞろと外に出ていった。

ドアから外に出るとき、彼らはフロント、バー、レストランのレジのキャッシュドロアーを開け放っていくという嫌がらせをした。通りがかったゲストの中には、これ幸いとお金を盗っていった者もいた。

さて、その日はたまたますごく寒い日だった。私はキッチンとレストランの責任者を呼んで指示を出した。「急いで、熱いアップルサイダーをつくってください。何でもいいから甘いケーキロールと、熱いコーヒーも準備してください。外でストを打っている従業員に差し入れをするんです」

すぐにもテレビ・クルーが到着するはずだから、急ぐ必要があった。私は、ピッツバーグではすべてのストライキがテレビで報じられていることを知っていた。

ニュース・クルーが到着したのは、私たちが組合員に温かい飲み物を振る舞っている最中だった。

困惑したテレビ・レポーターが、私にマイクを向けた。

「何をしているんですか？」

「差し入れですよ。彼らは全員、うちの従業員ですから」と私は答えた。「ちょっとした行き違いのせいで、一時的に持ち場を離れることになってしまいましたが、私どもにとって彼らが重要な存在であり、私が彼らを大切に思っていることに、何ら変わりはありません。外は寒いので、温かい飲み物と甘いものを差し入れただけです」

夜のニュースでこれが取り上げられた。どれほど大きな効果をもたらしたか、想像していただきたい。

変えられないものはない

それ以来、ウォルターと私のミーティングは、礼儀をわきまえたものになった。ウォルターは下品な言葉で私を呼ぶことをやめ、単に「ドイツ人」とか「クラウト」（ドイツ人の蔑称）と呼ぶようになった。2年後、組合と私は良好な関係を築き、ホテルの悪いイメージを完全に一新した。

時計の針を戻すが、ピッツバーグに移ってきた当初、PR会社を探していたときのこと、顔合わせのミーティングの終わり際に、PR会社の若い担当者が言った。

「シュルツさん、この街のことをご存じないでしょうからお話ししておきますが、ここに立派なホテルをつくることはできませんよ」

私が理由をたずねると、彼はこう答えた。

「わかりませんか？　ここはヒルです。黒人たちが多く住んでいる一帯なんです。この現実だけは、どんなに頑張っても変えられません」

私は即座に、あなた方に頼む仕事はない、と言って追い払った。

私たちは、この若い担当者が間違っていたことを証明したのである。

市が、さまざまな団体のエグゼクティブたちを招いて昼食会を開いたときのことだ。自動車ディーラー協会、教育推進協会、ヘルスケア協会など、さまざまな分野で要職に就く人々が一堂に会した。その人たちは、会議やいろいろなイベントのためにホテルを利用してくれるので、私たちにとって大切なお客様でもある。

市長がメインスピーチのために立ち上がり、こう語りかけた。

「私たちがここピッツバーグで成し遂げなくてはならないことは何でしょう。私たちは新しい現実に適応しなくてはなりません。もっと創造的にならなくてはなりません。この街を再生させなくてはなりません。

インフラのことだけを話しているのではありません。建物だけでこの街を再生させることはできないからです。精神の再生なくして、街の再生はありません。ハイアット・ホテルがヒルで成し遂げたことを、ピッツバーグ全体に広げようではありませんか。ヒルは完全に一新されました。ピッツバーグを誰もが訪れたいと思う街にするために、全員で力を合わせて取り組みましょう」

自分の席で市長のスピーチを聞きながら、私は思わず口元がほころぶのを感じた。

その後ほどなく、会社は私を、ミシガン州ディアボーンにあるハイアット・リージェンシーに異動させた。自動車の街デトロイトの郊外にあるホテルだ。

ピッツバーグを離れる直前、ドアマンのジムに会ったとき、彼は顔を輝かせて、「こん

にちは、シュルツさん！」とあいさつしてくれた

私たちは、最高のホテル、最も清潔なホテル、最もフレンドリーなホテルにするという目標を共有し、卓越性を目指し、競合するホテルをあらゆる面で上回ることを目指した。労働組合との関係においても、私たちはどこにも負けていないという自負があった。実際、組合はもはや障害ではなく、事業を成功させるための重要なパートナーになったのである。

私の転勤のことを知ったウォルターがデトロイトの組合の委員長に言った言葉が、回り回って私の耳にも届いた。

「こんどドイツ人がそっちに行くようだが、悪いヤツじゃない。彼となら、うまくやれるよ」

誰もが幸福を求めている

経営者と社員の関係は、賃金表や就業規則だけで規定されるものではなく、より大きな広がりを持つ。ギリシャの哲学者、アリストテレスは何世紀も前にこう説いている。

お金を稼ぐための生活は、強制された生活である。富は私たちが追求すべき、それ自体が善である何かではない。というのも、富はほかの何かを得るためだけに役立つものにすぎないからである。（出典1）

「ほかの何か」とは、何だろう。アリストテレスはそれを「幸福《ハピネス》」と呼び、かなり苦心して説明している。彼は、ある人にとって幸福とは、お金で買える単なる喜び《プレジャー》のことであり、思慮深い人にとっては、名誉、立派な仕事を成し遂げたという手応え、それに対する他者からの賞賛であると説いた。

私は、これがすべての仕事の核心にある真実だと思う。社員は、何かを達成することでもたらされる幸福を願っている。もちろん給料は必要だが、それだけではなく、意味のあることを成し遂げて胸を張りたいのだ。それだけのために、平日の5日間（6日間のこともあるが）を耐えているのではない。誰もが、幸福と生計の維持を両立させたいと思っているのだ。

ミレニアル世代〔1980年代から2000年代初頭までに生まれた人〕のことだけを言っているのではない。この世代の若者は、自分に何のメリットがあるかということばかり考えていると批判されるが、それは彼らに限ったことではない。古い世代の人間も同じように考え、動機づけられていたが、口に出さなかっただけだ。ミレニアル世代は、ずばり関心事を問うているだけのことだ。

経営者が価値ある夢を社員に提示し、共有することができなければ、労働争議に苦しめられることになるだろう。その責任は経営者にある。

PART III

リーダーの本当の仕事

BUILDING TRUE LEADERSHIP

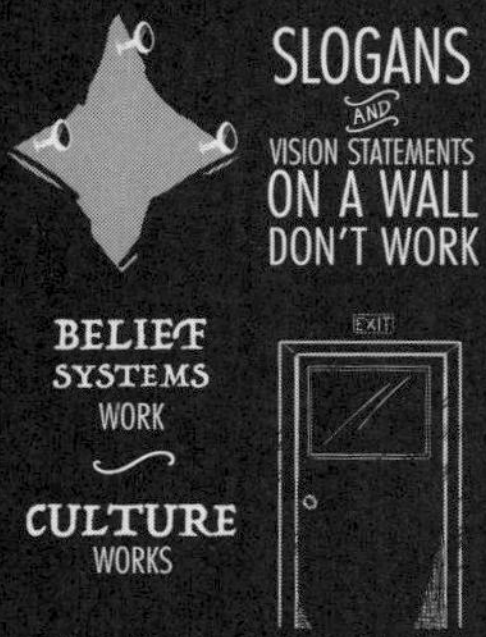

L

K

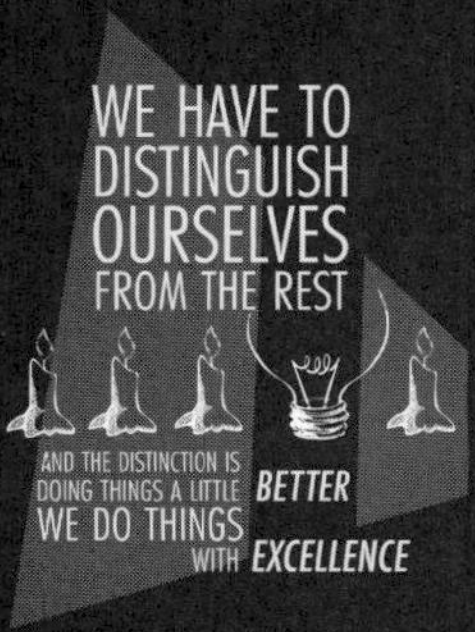

N

M

扉の4枚のイラストの訳

K

イノベーションはしばしば
伝統の名の下に抑え込まれる。

L

スローガンやビジョン・ステートメント
を壁に張り出しても
言葉だけでは何の役にも立たない。
力を発揮するのは
働く者の信念であり、組織の文化である。

M

成果は、現実から目を背けたら得られない。
成果は、現実を評価して
必要な調整を行うことで得ることができる。

N

その他大勢と同じであってはならない。
違いは誰よりも優れた仕事から、
卓越した仕事から生まれる

CHAPTER

11

どんなリーダーが求められているか

LEADING IS AN ACQUIRED SKILL

リーダーにまず必要なもの

目覚ましいプレーをするクォーターバックについて――政治家でも、牧師でも、起業家でも同じだが――こんなふうに言う人が多い。

「あれは生まれながらのリーダーだ」

それを聞くと、私はシェイクスピアの戯曲に出てくる台詞《せりふ》を思い出す。『十二夜』の2幕5場で、神経質なくせにうぬぼれ屋の執事マルヴォリオは、悪友たちの嫌がらせで、恋い慕う伯爵令嬢からと装った偽の手紙を、そうとは知らずに読み上げる。


高き身分に生まれつく者あれば、高き身分をみずから獲《か》ち取る者あり。さらにはまた、高き身分をたまたま授けられる者もあることをお忘れなきよう。幸運の女神は今、いそいそとあなた様に身を委《ゆだ》ねんと致しております。何とぞ勇気と決断とをもって、両の腕《かいな》にひしと抱きしめてくださいまし。（出典1）

リーダーシップの有無は何で決まるのだろう。運命で決まっているのだろうか？　優れたDNA？　生まれついた才能？　どうやら、そう思う人が多いようだ。何年も前のことだが、BCテクノロジーというウェブサイトは、大胆にも次のように宣言していた。

リーダーはリーダーになるべくして生まれます。努力してリーダーになるのではありません。リーダーの資質は、持っているか持っていないか、二つに一つです。リーダーシップ遺伝子はゲノムのどこかにマッピングされているので、それを判定する簡単な血液検査が開発されれば、リーダーになろうとして惨めな失敗をする人々が費やすお金を節約し、苦痛を防ぐことができるでしょう。

リーダーシップを左右する重要な部分は、生まれたときから、まさにその人の個性の中核に埋め込まれているのです。人はいずれかに生まれつきます。カリスマがあるかないか、勤勉か怠惰か、自信満々か自己卑下か。（出典2）

私はこの意見にはくみしない。若いころには責任あるポジションに就く適性のかけらもなかった、多くのリーダーを知っているからだ（私自身もその一人だ）。人気者ではなく、将来を嘱望されることもなく、〝見た目〟もぱっとせず、およそリーダーに必要と思われる気質も持っていなかったリーダーは大勢いる。

強いリーダーの中には外向的で親しみやすい人もいるが、物静かで考え深い人もいる。

口数は少ないが、いったん口を開けば、聞く価値のあることを話すような人だ。要するに、すべてのリーダーに共通する性格というものはない。たとえば、キリストが選んだ12人の弟子の中にも、喧嘩っ早いペテロもいれば、用心深いトマスもいる。仕組みを動かすのに長けていたマタイ（占領者であるローマのために働いた徴税人）もいれば、反骨精神旺盛な熱心党のシモンもいた。

まさにスーザン・ケインが、全米ベストセラーになった『内向型人間の時代』に書いているとおりだ。

雄弁なリーダーシップ・モデルとは対照的に、有能なＣＥＯたちの中には内向型の人物が多い。たとえばアメリカを代表する実業家のチャールズ・シュワブ、ビル・ゲイツ、世界有数のアパレルメーカーであるサラ・リーのＣＥＯだったブレンダ・バーンズ、デロイト・トウシュ・トーマツのＣＥＯだったジェイムズ・コープランドなどだ。（出典3）

どんな気質の人でも、人の上に立つ位置に就けば、持てる精神力を奮い立たせることができる。どうやって？　将来に意識を向け、すべての関係者にとって追求する価値のある目標を設定し、それを社員やその他の利害関係者に伝える方法を見つけることによってである。

そのようにして、リーダーは時間とともに成長していく。リーダーシップは天から降ってくるものではない。リーダーと呼ばれる人は、確固たるビジョンを提示し、それを追求し続ける。間違うこともあるが、失敗から学び、もっと効果的に行う方法を見つけて、やり直す。

私は、大学の卒業式で訓示を述べることがある。ローブと角帽を身に着け、興奮した面持ちで目の前に座っている卒業生に、いつもだいたいこんなことを話す。

いまみなさんは、やり遂げた！　という思いを抑え切れずにいることでしょう。みなさんは学位を取得しました。おめでとう。

でも、目を閉じて、5年後、自分はどこで何をしていたいのだろうかと考えてみてください。あなたには現実味のあるプランがありますか。美しいビジョンを持っていますか。それには価値がありますか。それとも、とりあえず目先の一歩を踏み出して、何が起こるか見てみようと思っているだけですか。たとえばエンジニアになりたいなら、どうすればその職に就けるでしょうか。大学院に通う必要がありますか、ありませんか。どんなステップを踏んで目標を達成するのですか。

20年後、人生を振り返ったとき、何が見えるでしょう。来し方を誇りに思うことができるでしょうか、それとも、霧に覆われた曲がりくねった道を見てため息をつくのでしょうか。

もちろん、話し終えると拍手が起こる。式の終了後、わざわざやってきて、「素晴らしいお話でした」と言ってくれる卒業生もいる。私の話をラップ・ソングにして、ＹｏｕＴｕｂｅにアップしてくれた学生もいた。

私が言いたいのは、リーダーはまず、夢を持っている人だということだ。自分にとってだけでなく、家族、同僚、社員、顧客、投資家、そして社会全体にとって価値のある目標をしっかり見据えている人だということだ。名声や富だけを追いかける人は、人生の旅の途中で倒れてしまうだろう。だが、社会に対して何らかの貢献をしようと決意して歩み始める人は、ずっと遠くまで行くことができる。

ビジョンを実現するために必要な決断

ビジョンが固まれば、そこから具体的な作業が始まる。最初にやることは、どうやってそのビジョンを実現するかを決めることだ。

たとえば、「素晴らしい結婚生活を送る」というビジョンを掲げ、「妻を愛する」と決めたとすれば、「妻を愛する」とは何をすることか、具体的に考える必要がある。まず、妻のニーズや願いを知る必要がある。身体的にも経済的にも、妻を危険から守ることが必要だ。妻と力を合わせて、子育てという大事業に取り組む。家庭の中であれ、外の社会においてであれ、妻が成し遂げたことを称える。そんなふうに、やるべきことはいくらでもある。それが妻を愛するということの具体的な意味である。

同様に、強い家具販売チェーンを築く、一流のタクシー会社を起こす、あるいは貧しい人々を効果的に支援する、といったビジョンを思い描いたなら、どのようにしてそれを実現するかを決めなくてはならない。そこで何を決めるかが、リーダーシップの質を大きく決定づける。リーダーたる者には、これだけはやる、どんな障害があろうとやり抜く、という覚悟が問われるのである。

次に紹介するのは、私がビジョンを実現するためにやると決めた4つのことである。これを参考にして、あなたにふさわしい決断をしていただきたい。

①命令ではなく、鼓舞することで部下を動かす

ビジョンを実現するためには、すべての社員が重要だ。そのためには、誰もが進んで良い仕事をしたいと思う環境をつくる必要がある。だから、私は命令するのではなく、招待する。統制や命令によってではなく、鼓舞することによって結果を得たいと思う。

ボスの座に就くと、階層の罠にはまって、部下には何でも命令できると勘違いしてしまうことがある。たしかに、上司は力を持っている。悪い気はしない。部下が指示どおりに動かなければ、クビにだってできる。要するに、自分が主役だと思ってしまうのである。

実際、そうなのかもしれないが、そんな考え方では最高の結果は得られない。部下の側は、上司は自分を信頼してくれておらず、何かヘマをしでかすのではないかと見張っているだけだ、と感じるようになる。そうなれば仕事のレベルは下がるし、意欲はしぼんで停滞感が職場を漂う。

あなたが望んでいるのは、活気にあふれ、誰もが進んで行動し、喜んで汗をかくような組織のはずだ。そのような組織は、全員が自ら結果をつかもうと思うときに生まれる。そ

のような健康的な文化を根付かせるのが、リーダーの役割なのだ。逃げ出したいと思われる上司より、ついていきたいと思われる上司のほうが、大きな力を持つ。

しかし、この決意には、次の決意がセットになっていなければならない。

②ベスト以下の結果で妥協しない

ビジョンを掲げたら、目指しているレベル以下で妥協してはならない。

自分自身にも、部下にも、言い訳をゆるしてはならない。すでに述べたが、〝言い訳〟や〝説明〟には何の意味もなく、ただみっともないだけだ。そこからは、道を切り開く力は生まれない。

ある冬、ボストンのホテルで、1月の客室稼働率が55%にまで低下した。予算は68%で組んでいた。私は総支配人に電話した。

「どうしたんだ？　なぜ55%しか達成できなかったんだ？」

「あの、ご存じだと思いますが、こちらは先月激しい吹雪に見舞われました。街中が雪と氷で覆われたような状況で……ひどい目に遭いました」

彼の頭の中には、どうすれば68%という目標を達成できるかではなく、55%に終わった理由をどう説明しようかということだけがあった。

「はっきり言うが」と私は答えた。「気象情報を聞きたくて電話したんじゃない。コプリー・プラザ（ボストンのダウンタウンにおける、ラグジュアリー市場での主要な競争相手）の稼働率は何パーセントだった？」

「彼らも低調だったはずです」と支配人は言った。

「ゼロではなかった、ということだね。宿泊客がいた部屋もあったわけだ」と私は言った。「私が知りたいのは、その人たちはなぜ、われわれを選んでくれなかったのかという理由だよ。ローガン空港に着いた旅行者は、〝ひどい吹雪だからコプリー・プラザに泊まろう〟と考えたわけではないだろう？

問題はそこだ。今年、この数字を仕方ないと受け入れてしまったら、来年も同じことが起こる。来年の冬も、大雪は降るに決まっているじゃないか。肝心なのは、きみはそれに対して何をするつもりなのかということだ。もっと積極的にプロモーションを行って、たとえば〝吹雪の今日はラグジュアリー体験をご奉仕価格で〟みたいなアピールだってできたのではないかね？」

さらに私は、その期にボストンで年次総会を開催した企業や団体を調べて、来年はわれわれのホテルで開いてくれるように営業することを指示した。前払いしてくれる企業や団体には、割引価格で会場を提供した。その結果、私たちはほかのホテルからお客様を引き抜くことに成功した。

私は「説明」をしてもらうために、社員に給料を払っているのではない。説明の先にある「解決策」を見つけるために払っているのだ。9・11直後の数週間、客室稼働率が低い理由を考えなくてもよくなったと安堵している人がいた。そんなタイプのマネジャーにとっては、理想的な言い訳ができた。「誰も旅行なんかしやしません、あらゆるビジネスがガタ落ちです……」というわけだ。だが、そんな考え方は間違っている。

業績不振の言い訳なら、２０１７年8月にヒューストンで猛威をふるった、ハリケーン・ハーヴェイ以上のものはないだろう。最大風速時速１３０マイル、60インチの豪雨が、アメリカ第四の都市を襲った。

多数の住宅が洪水で流され、道路は寸断されて通行不能になり、電気が止まり、大勢の人が溺死した。

しかし、このハリケーンでも、食料品チェーンのH－E－Bは商品の供給を止めなかった。ハリケーン発生から36時間以内に、ヒューストン周辺の83店舗のうち60店舗が営業を再開したのだ。

ヒューストン地区の社長であるスコット・マクレランドが、同社が惨状の中で実施した驚くべき施策について語っている。

「ハリケーンが襲ってくると知ったのは、先週の火曜日（上陸の4日前）でした。私たちは被害が予想される地域に、水とパンの輸送を開始しました。被災者がまず必要とするのがこの二つだからです。ハリケーンの被害に遭ったら、誰も冷凍食品なんか買いません。牛乳、パン、水です。それと電池、缶詰の肉、そしてツナです」

だが、H-E-Bのトラック運転手の多くも、家を流されてしまったか、そうでなくても家に釘付けにされていた。マクレランドは本社があるサンアントニオからヘリコプターを飛ばして、ドライバーを送り込んだ（トランプ大統領が視察に訪れた日だけは、空域が閉鎖されたために、ドライバーの空輸を中断しなくてはならなかった）。

「流通上のネックは、私たちの内部にありました。つまり、倉庫から店まで品物を運ぶドライバーが不足していたのです」

マクレランドは、プロクター&ギャンブルとキンバリー・クラークに電話して、トイレットペーパーとペーパータオルだけをトレーラーに詰め込んで、店舗に直送してほしいと要請した。

「1台分丸ごと2店で引き取ります。最初の店で半分、残りを次の店で下ろしてください。うちの倉庫には入れなくていいから、少しでも早く店に届けてほしい。そうしてもらえれば、こっちも輸送力を確保できる。これが店のリストです。ペーパータオルとトイレットペーパーを半分ずつ頼みます」

マクレランドはインタビューに答えて次のように語っている。

「私はフリトレー〔ペプシコ傘下の菓子メーカー〕に電話して、レイズとドリトスとフリートスを入れてくれ、組み合わせはまかせる、と言いました。フニョンスとムンチョスは要らない、おたくのベストセラーを取りそろえてください。運んでくれたものは全部買うから、とにかく急いでほしいんです」

H‐E‐Bのヒューストン支社にはほかの地域から駆けつけた社員があふれ、被災地ボランティアの基地の様相を呈した。各地からやってきた社員は、店舗の片付けと再度の商品陳列のため、ノンストップで最大18時間働き、見知らぬ同僚の家のソファーで次の朝まで眠りこけた。

5日後の状況を、マクレランドは次のように語っている。

「売上げは前年比で4％ダウンした（たった4％！）。何日間か完全に営業停止していた店舗も含めての数字ですよ。上出来でしょう。1週間を通した数字は、たぶん昨年を上回るでしょう。でも正直、売上げのことは気にしていません。

私はヒューストンでH‐E‐Bの宣伝をしていたようなものです。いまでは、私が誰であるかをみんなが知っています。店内を歩いていたら、みなさんがやってきて、〝向かいのクローガーは閉まっているのに、よく頑張って店を開けてくれた〟と言ってハグしてくれるのです。通りの先のウォルマートも閉店していました。ハグして、涙ながらに、店を開けてくれてありがとう、と言ってくれた女性もいました」（出典４）

これこそ、「できない」理由や言い訳を探すのではなく、最高のサービスを提供するという強いビジョンの下に結集した、リーダーと従業員たちの成果である。

③ビジョンから目を逸らさない

会社が成長して複雑になっても、ビジョンをあいまいにしてはならない。

組織が大きくなるほど、複雑になるほど、社員が増えるほど、部門が増えるほど、最初に掲げたビジョンを忘れがちになる。これらすべてが同時に進めばなおさらである。

ある日、何か良くないことが起こると、再発防止のための規則や手順が定められる。翌月、別の良くないことが起こり、別の規則や手順が定められる。気がつけば、４００ページにもなる分厚いマニュアルができ上がっているという寸法だ。

これが官僚制度《ビューロクラシー》である。これが支配する組織では、人々は規則や規制から逸脱することを恐れる。成長は滞り、創造性の芽が摘み取られる。最初は明確なビジョンを掲げ、機敏に動き、活気にあふれていたのに、何十年か経つうちに肥大化して鈍くなった会社は珍しくない。社員が出社する理由も、偉大な組織をつくるためではなくなり、ただ言われた仕事をし、問題を起こさず、混乱を避けるためだけになっていく。

こうなってしまわないために、リーダーに必要なのが次の決意だ。

④常に改善を目指す

常に改善し、より効率的に行うための新しい方法を探し続けることが重要である。

真のリーダーは、次のように問うことをやめてはならない。

「どうすればこのプロセスを改善できるだろう？　もっと良い方法を考えるために、誰の助けを借りればよいだろう？　私は異論にもきちんと耳を傾けているだろうか？」

アインシュタインは、「一見してばかげていると思われないような考えには可能性はない」と語ったと伝えられている。（出典5）

私はもう何年も前から、感謝祭（11月の第4木曜日）の週末が終わった翌日に、スタッフを集めてこうたずねることにしている。

「お客様はどんなことをおっしゃっていましたか？　もっとうまくやれたのにできなかった、と気づいたことが何かありますか？　来年に向けて、ここを直せばいいと思ったことはありませんか？」

全員に何か言ってもらう。これは雑談のための集まりではない。そこで出された意見をもとに、12月15日までに業務改善計画を策定する。それをもとに忙しいクリスマスと年越しのシーズンを迎え、それが終わると同じことを繰り返すのである。

イノベーションはしばしば伝統の名の下に抑え込まれる。だが、健全な組織では「前例がない」というおなじみの言い回しを、誰も口にしない。問題が起こればそれについて話し、改めるだけだ。次はもっと上手くできるよう、全員が改善に努め続けなくてはならない。

あなたは本当にリーダーなのか？

リーダーとは、ゴールから目を離さず、全員をそこに導く人のことだ。マネジャーはそういうことはしない。マネジャーの役目はプロセスを管理し、作業を部下に割り振って、仕事を終わらせることだ。リーダーの役目は、社員自らが目的を果たすために何をすればよいかを考え、進んで実行したくなるような環境をつくり出すことである。

私は一時期、65のホテルの責任を持っていた。各ホテルの総支配人の仕事ぶりを精査したところ、65人の総支配人の中に、リーダーが5人しかいないことがわかった。あとの60人はマネジャーだった。頭の中で警戒警報が鳴り響いた。

私がリーダーとマネジャーを区別した方法をお教えしよう。私は一人ひとりにこうたずねたのだ。

「来年、あなたのホテルはどうなっていると思いますか?」

多くの場合、「もっと大きい宴会場があれば……」「改修工事を実施できれば……」「この街の労働者がもう少し働く意欲を持ってくれれば……」というような答えが返ってきた。言い訳に次ぐ言い訳だった。

なかには、自分のホテルの業績を「中の上」と言った支配人もいた。何なんだ、それは? 上の下よりは劣るが、下の上よりはましということなのか? それで何が言いたいのか!?

しかし5人のリーダーからは、次のような答えが返ってきた。「あと1年で、この地域のみなさんから愛されるホテルになれるという手応えがあります。すごく楽しみで、ワクワクしているんです」

このように答えられるリーダーの前には、素晴らしい未来が開けている。ぬかるみに足を取られて倒れることがあっても、立ち上がって進んでいくだろう。こんなリーダーは、自分自身と部下たちを目標に向かわせることができる。

以下はこの章の要約だ。次ページの図と合わせて理解に役立てていただきたい。

- リーダーシップはビジョンを理解することから始まる。この組織のビジョンは何か。ビジョンを実現するために、私は何を期待されているのか。
- ビジョンを実現すると決意する。その決意を自分の中だけに留めるのではなく、チームの全員に明確に伝える。
- 具体的な計画を立てて実行する。ビジョンに見合った実行可能なステップを見極め、脇道に逸れることなく実行する。
- 常にビジョンに焦点を合わせる。言い訳や合理化をしない。
- 最後に社員を元気づけ、あなたと共にベストを目指し続けるよう促す。

やることが多すぎる？　たしかに多い。あなたはこれだけのことを苦もなくやってのけ

リーダーシップとは

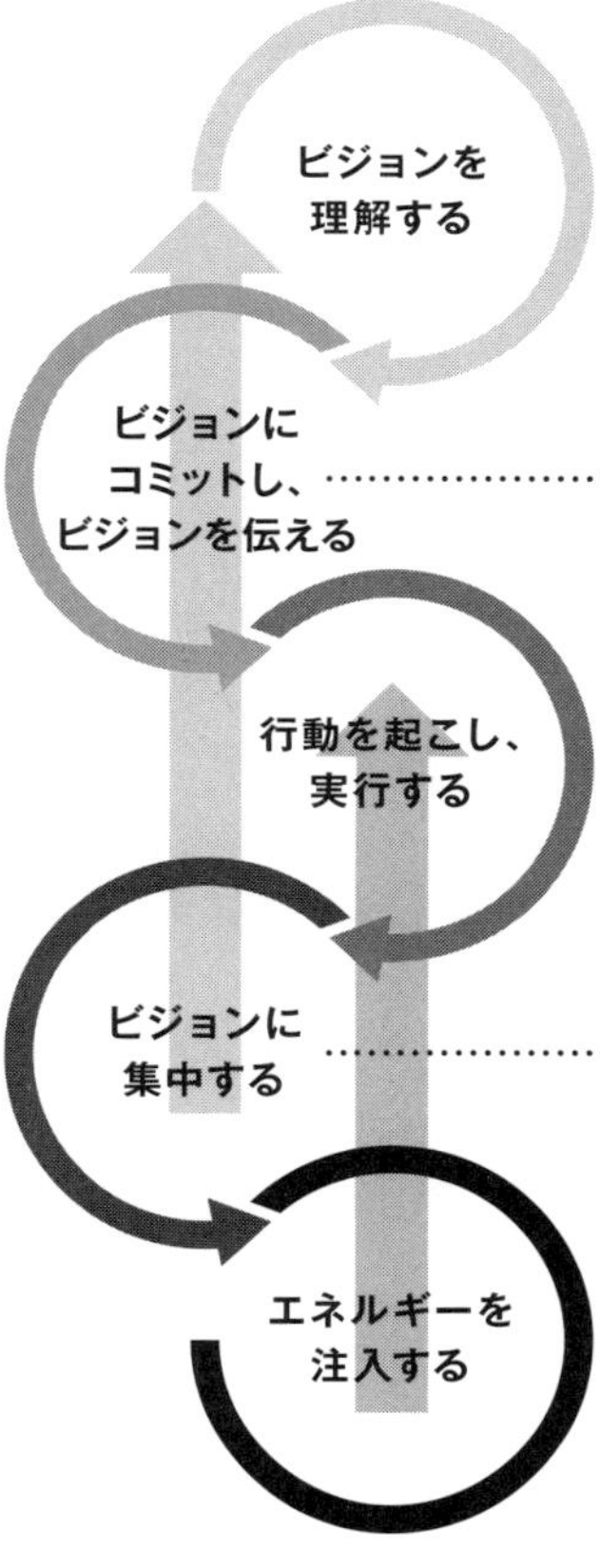

- 自社のビジョンを理解する
- 自分自身と社員が果たすべき仕事を理解する

- なんとしてもビジョンを実現すると決意する
- そう決めたことを社員に明確に伝える

- ビジョン実現のための計画を立て、実行可能なステップに落とし込む
- 行動を起こし実現させる
- ビジョンと整合性のある行動をする（そうでなければ目的地に到達できない）

- 常にビジョンに焦点を合わせる
- ビジョンから目を離さない
- 言い訳しない

- 社員を日々元気づける
- 最高を目指し続ける
- 社員が進んで行動できる環境をつくる

（カペラ・ホテルグループのリーダーシップモデル）

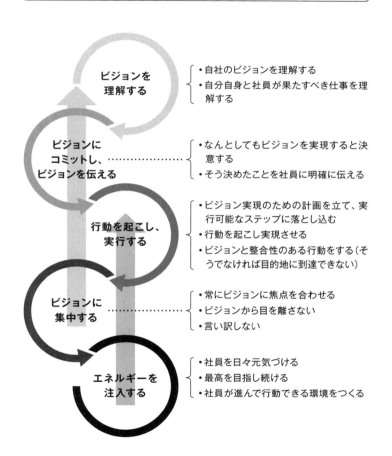

られる、天性のリーダーではないかもしれない。学生時代、先生やスポーツチームのコーチから、「リーダーの器だ」などと言われたこともないかもしれない。しかし、やるべきことに意識を集中させ、この章で述べた重要な決断を行い、最後までやり抜けば、間違いなく成功することができる。そのとき、自然にリーダーシップを発揮できている自分に気づくことだろう。

ビジョンが実現したとき、それまでの努力は報われる。その道のりの中であなたはリーダーになり、さらなる高みを目指す備えができていることだろう。

CHAPTER

12

なぜビジョンが必要か

WHY VISION STATEMENTS MATTER

あなたは何者で、何を目指すのか？

リーダーは、結果志向が強い人ほど、ビジョンやミッションについてあれこれ話すのを嫌うことがある。気の利いたスローガンなどは信用していない。長時間の会議で万人受けする言い回しを考えたり、単語のレベルまでいじり始めたら、もう辛抱の限界だ。こんなことはやめてさっさと仕事に戻ろう、と叫びたくなる。

そう考える人は、ビジョン・ステートメントなどで現実の何が変わるのか、と疑問を感じている。4年ごとに共和党と民主党が発表する公約――政治理念や願望のごった煮――のようなもので、誰も読みもしないし、聞きもしないではないか。大統領候補の指名大会が終わって数日もすれば忘れられてしまう。要するに作文にすぎないというわけだ。

ビジョン・ステートメントが年次報告書に印刷される単なるレトリックなら、たしかにそれは無意味だ。それどころか、社員の中にも消費者の中にも、冷笑的な見方を広めてしまう危険すらある。「フレンドリーな空に飛び立とう《フライ・ザ・フレンドリー・スカイズ》」というキャッチフレーズで宣伝を展開しながら、全然そうではないやり方で乗客を扱った某大手航空会社は、痛い思いとともにそのことを経験した。

しかし、真剣に考え抜かれたビジョン・ステートメントは、会社にとって夜空の北極星となり、進むべき方向を指し示してくれる。行き先も決めずにクルマを走らせたらとんでもない場所に着いてしまうが、目的地を決め、道筋も見通してクルマを走らせれば、納得のいく結果が得られる。かけた時間と燃費に見合う場所に到着することができる。「ここに行く」と決めれば、すべてが収まるべきところに収まって動き始める。エンジンをかけ、地図を広げ（紙の地図であれ、ディスプレー上の地図であれ）、行き先のわかっている旅を始めることができる。

組織が目的地を定める必要もここにある。まず、会社として向かう目的地を設定する。おそらく、仲間の意見を聞く必要もあるだろう。次に、目的地に到達するために自分は何をすべきかを選択する。そして社員全員に、目的地に到達するために何をすべきかを示すのだ。社員に、朝ベッドから起き上がって出社するための目的を示すということだ。そうすることで、あなたも社員も前に進み始めることができる。

ハイアット時代の私が、ホテルチェーン全体で「紳士淑女のお客様に奉仕する紳士淑女の従業員」という理念を取り入れようと言い出したとき、誰も真剣に取り合ってくれなかった。何かの冗談かと思った人もいたほどだ。私はまだ若く、それを力で押し通せるほどの経験も権限もなかったが、少なくとも当時責任を持たされていた1つのホテルでだけは、それを徹底した。

通達文を配付したり、ポスターにして壁に張ったりしたわけではない。ただひたすら従業員に話しかけたのだ。

「いいですか、あなたたちは軽んじられてよい召使いではありません。あなたたちは紳士であり淑女です。紳士淑女であるお客様に奉仕する紳士淑女なのです。ここでの仕事において、どうかプロフェッショナルになってください。自分をただの召使いだと思っているうちは、プロにはなれません。みなさんは召使い以上の存在になるべき人たちなのです」

「ホテルにやってくる人を、嫌な相手と思ってはなりません。お金を払ってくれるだけの存在だと思ってもいけません。この人たちも紳士淑女であり、紳士淑女として扱われることに対してお金を払ってくださる方々なのです。もっと安いホテルに泊まることも、通りの先のモーテルに泊まることもできるのに、私たちを選んでくださったお客様なのです。そんな紳士淑女であるお客様に、敬意を持って対応しなくてはなりません」

9年後、リッツ・カールトン・モデルの作成を依頼されたとき、私は従業員のオリエンテーション初日にこの視点を取り入れることができる立場になっていた。「私たちは、このホテルを訪れるすべての方々を紳士淑女として尊敬します。従業員に対しても同じ敬意を払い、紳士淑女にふさわしい接し方をします」

すると、こんなことを言う従業員がいた。「すべての客が紳士淑女というわけではありませんよね。とんでもなくタチの悪い人もいます」

「もちろん知っています」と私は答えた。「しかし、そう判断してレッテルを貼るのは、私たちの仕事ではありません。そういうお客様は、人に気難しく振る舞うと決めてそうするのかもしれませんが、私たちホテル側は、それとは関係なく、そのお客様に敬意を持って接すると決意するのです。それが私たちの価値観であり、アイデンティティです。どんなお客様が相手でもそうするのが私たちなのです」

私たちは1990年代を通じて、世界ナンバーワンのホテルブランドであり続けた。その大きな理由の一つが、このビジョン・ステートメントにあったと私は信じている。

言葉だけのビジョンに力はない

スローガンやビジョン・ステートメントを壁に張り出しても、言葉だけでは何の役にも立たない。実際に力を発揮するのは、そこで**働く人々の信念であり、組織の文化だ**。スローガンやステートメントは、組織が存在する意味や目的をストレートに言い表すものでなくてはならない。リーダーは、自分は会社をこのように経営するという誓いを立て、それを会社のDNAに刻み込む。そのエッセンスを簡潔な言葉で表現したものがビジョン・ステートメントなのである。

リーダーはその言葉を、自分自身と社員の意識に注入し続けなければならない。その言葉を、魂の中で息づく言葉にしなくてはならない。こんなに繰り返す必要があるのだろうかと思うぐらい、ミーティングの冒頭で、作業現場で、オフィスで、休憩室で、何度も繰り返すべきだ。それほど重要なことなのだ。あなたと社員がその言葉どおりに生きるために、口を酸っぱくして語り続けなくてはならない。

ある社員がビジョンにふさわしい行動をしていないとき、やると言ったことをやっていないとき、あるいはビジョンに反することをしているとき、リーダーはこう言いたくなるかもしれない。

「何をやってるんだ？　期待していたのに、全然ダメじゃないか」

もしかしたら、その社員の心境が変化したか、言うに言えない暮らしの変化があったのかもしれない。だがもしかしたら、あなたがビジョンを語り続ける努力を怠っていたせいかもしれない。部下を責める前に、自分はリーダーとしてビジョンを強化する仕事ができていただろうか、と自らを省みる必要がある。

さらに、絶えず繰り返せば、嫌でも自分の言葉に責任を持たねばならなくなる。「お客様一人ひとりの期待に応える」というカペラ・ホテルグループの誓いを口にするたびに、私は自分自身に問うことになる。いま、自分はそれができているだろうか？　今週、このホテルは実際にそのように動いているだろうか？

「従業員が帰属意識と目的意識を持てる環境を整え、従業員を尊重し、権限を与える」という方針を伝えるとき、私は、実際にいまの職場がどうなっているかを、この目で確かめなくてはならなくなる。健全な環境が保たれているだろうか？　問題が生じ始めていないだろうか？　もし問題があるなら、やり方をどう変えればよいだろう？

危機的状況に襲われたときも

ビジョン・ステートメントを定めておくと、事業環境が厳しくなっても、おろおろせずに済む。市場が激しく変動しているときも、従業員の雇用について辛い決断をしなくてはならないときも、ビジョン・ステートメントがあれば腰の据わった対応ができる。

危機的状況に襲われると、リーダーの感情は、一方の極（会社が倒れる恐怖）と他方の極（一緒に働いてくれた仲間への誠意）の間を、激しく行き来するかもしれない。しかし、ビジョン・ステートメントは不変で、動くことはない。ビジョン・ステートメントがあれば、これが私たちだ、これが私たちの文化だ、だから私はこう決定し、こう行動する……と考えることができる。

「意思決定は難しい」とこぼすリーダーがいる。しかし、組織の目的がはっきり宣言されていれば、けっしてそんなことはない。目的に照らして、関係者全員にとって何が良いことかを見極め、それにふさわしい行動を選択することができるからだ。

その際、痛みを伴う決断をしなくてはならないことがあるのは事実だ。眠れない夜もあるだろう。自分の決断が部下のキャリア、彼らの妻や子どもに及ぼす影響も心配だ。しかし、ビジョン・ステートメントに照らせば、何をすべきかがわかる。ビジョン・ステートメントに忠実であろうと決意すれば、それと整合性が取れるかどうかによって、二次的な事柄に関する結論はおのずと明らかになることが多い。

かつて私が役員を務めていたある会社は、役員会が始まるとすぐに、四半期の数字や運営上の細かい話を始めていた。役員が部屋に入ると、きれいに整えられたレポートが大きなテーブルの上に並べられていた。そんなミーティングを何度か体験した後で、私はこう発言した。

「ちょっと待ってください。まず会社のビジョンと価値観をみんなで読むようにしませんか。ビジョンにフォーカスしていなければ、報告書を細かく検討してもあまり意味がないと思うのです」

同意が得られたので、その日以降、すべての役員会は、まず会社のビジョンを声に出して読み上げることから始めることになった。それは、その後に続く議論の前提を明確にする効果を発揮した。

私が理事を務めている全米癌治療センターでは、ビジョンへのフォーカスがさらに徹底している。すべての理事会で、実際の患者一人に出席してもらって報告が行われるのだ。患者本人だけでなく、その配偶者や介護者も出席し、それぞれの立場から見たセンターの仕事ぶり、治療の進展状況、うまくできていることと改善すべきことなどが報告される。必要があれば、遠隔地に住んでいる患者でも、実際に出席してもらうことがある。

そのようにすることで、何がセンターのミッションかを全員が思い起こすことができる。会長は繰り返しこうたずねることで知られる人物だ。

「もっと上手にやれることはないだろうか？　褒めてもらうのはうれしいが、そこから学べることは少ない。改善のために何ができるかが知りたいのだ」

役員会を開くのは――いや、あらゆるミーティングを開くのは――ビジョンに焦点を合わせてミッションを達成するためだ。ビジョン・ステートメントは、目指す方向を常に思い出させてくれる。そこから逸れてはならない。

CHAPTER

13

リーダーは精神論だけではうまくいかない

A LEADER'S "GUT" IS NOT ENOUGH

パフォーマンス評価は絶対に必要だ

企業のトップは、手順を踏んで行われる正式な実績評価《パフォーマンス・メジャーメント》を嫌がることがある。特に高い費用がかかる測定ほどその傾向が出る。その理由は、誰もが耳にしたことがあるだろう。

- 「今年はひどく忙しくて余裕がない。たぶん来年も同じだろうが」
- 「お金がかかりすぎる」
- 「調査会社は何でもかんでも請求する」
- 「調査結果に偏りがあるかもしれない」
- 「損益計算書があれば十分だ」

私に言わせれば、実績評価をせずに組織を導こうとするのは、フットボールの試合で、ヤードマーカーなしに次のプレーの作戦を立てるようなものだ。ヤードマーカーがなかったら、あと何ヤードでファーストダウンかわからない。ランプレーかパスプレーか、あるいはフィールドゴールを狙うか、どうやって決めるのか。推測だけで作戦を立てても、うまくいくはずがない。

会社がいまどういう状態にあるかを知ることは、絶対に不可欠だ。自分はここに立っていると思っている場所と、実際に立っている場所の隔たりを見極めるのが実績評価である。あなたは、自社の事業を成長させるという目標を設定した。競合他社に負けないと決めた。この分野で最高の会社になると誓った。それなのに実績評価をしないなら、目標にどこまで近づいたかわからないし、何を改善すればいいかもわからないではないか。

実績評価は、ボスが部下ににらみを利かせるための道具にすぎないと考える人もいる。「見つけたぞ！　そんなことをやっていたのか」と指摘して、社員のお粗末な仕事ぶりをあぶり出す仕組みというわけだ。

そんな考えは、まったく間違っている。評価の狙いはそんなことではない。検査《インスペクション》と評価《メジャーメント》を取り違えてはいけない。検査とは、部下の肩越しに仕事ぶりをのぞき見て、まずいことをした瞬間をとらえようとすることだ。これに対して評価とは、あなた自身とあなたが選んだ社員が、会社のビジョン実現に向けて正しく進んでいるかを判断するためのサンプルを抽出することである。そして、正しく進んでいないとわかれば、進路を正すために何をすればよいかを考える材料を得ることである。

直感だけでは経営できない

起業家《アントレプレナー》と呼ばれる人たちは、直感で物事を決める傾向がある。事業そのものも直感に従って始めた場合が多い。彼らは成功に必要なものを本能で見抜いていた。現在の市場には存在しないが、人々が興味を持つであろう製品やサービスを、直感的に探り当てたのである。

古い話だが、『タイム』誌が「黄金の直感を持つ男」と題する特集を組み、フレッド・シルバーマンを取り上げたことがある。アニメの「スクービー・ドゥー」、ファミリーコメディの「オール・イン・ザ・ファミリー」や「ウォルトンズ」といった長寿シリーズ、さらには社会派歴史ドラマの「ルーツ」まで、多くのヒット作を手がけた伝説のテレビプロデューサーだ。(出典1)

このように、どの分野でも、大ヒットのツボを心得ているビジョナリーは賞賛を浴びる。しかし、いまはシルバーマンの時代とは違う。かつてのように、成功物語を量産している独創的な天才がいるだろうか？　この先も天才の先見の明だけで、事業を継続することができるだろうか？　残念ながら、起業家のひらめきや直感だけで経営できる時代は終わっている。

経営数字だけでは見えないものがある

税引後利益は間違いなく重要で、リーダーたるもの、細心の注意を払わなくてはならない。会計や財務の数字は、あらゆる利害関係者――役員会から（場合によっては）ウォールストリートまで――が注目している。赤字なのか黒字なのか、この数字を見ればわかる。

しかし、その数字自体は、当該四半期や当該年度の会社の状態を映すスナップショットにすぎない。公表されたときには、すでに少なくとも6週間前の数字になっている。損益計算書の数字は、明日どうなるか、来年どうなるかを示すものではなく、今後の舵取りを助けてくれるものでもない。その点では、損益計算書に表れる数字はまったく不完全と言わざるを得ないのである。

すべてを見て歩くことはできない

アトランタで最初のリッツ・カールトンをオープンしたとき、私には、こんなホテルにしたいという夢があったし、現状について肌感覚もあった。私は朝早くから夜遅くまで働いた。家で妻や幼い娘たちと夕食を済ませると、またホテルに戻って真夜中まで仕事をしたこともある。それでも追い付かず、手を打たなくてはならない問題を思い出しては朝の3時、4時に目が覚めることもあって、疲れを覚えたこともあった。

ほどなく、アトランタに2つ目のホテルをオープンした。細部まで把握しておきたくて、私はさらに懸命に働いた。しかし、3つ目のホテルはカリフォルニア州にオープンすることが決まった。さて、どうするべきか？　そこについては、自分で目を光らせることはできない。2000マイルも離れたホテルで行われていることが、どうすれば私にわかるというのか。

私は実績評価を始めなければならなかった。

運まかせでは前に進まない

運にまかせるというのは戦略ではない。「最高を目指す」というのも、それだけでは戦略でも何でもない。あなたはかつて、幸運に恵まれたことがあったかもしれない。追い風が吹いたこともあるだろう。もう一度と願いたくなるかもしれないが、そのような幸運を何度も期待することはできない。

リーダーは順風のときだけでなく、逆風のときも会社を率いていかなくてはならない。そのために、オペレーションの効果を左右する重要事項は、すべて実績を測定し、評価しなければならない。

第10章で、顧客満足度も従業員満足度も低かったニューヨークのホテルが、わずか2年で劇的に改善したことを紹介した（193ページ参照）。どうしてそんなことが起こったのだろうか？

私は実際にそのホテルに3カ月間泊まり込み、週末になると家族のいる家に帰るという暮らしを続けた。すぐに気づいたことの一つは、私が近づいてもコンシェルジュはコンピュータの画面から目を離さず、私のほうを見ないということだった。人間よりメールが優先されていた。私は心の中で、ゲストを無視するようなコンシェルジュ・デスクなら、置かないほうがましだとつぶやいた。

勤務が始まるときに、スタッフ・ミーティングのような日常的コミュニケーションが行われていないこともわかった。要するに、ずっと何年も、自分たちのビジネスの核心――お客様にサービスを提供するということ――を忘れていたのだった。彼らは忙しすぎたのだ。「ニューヨークは忙しい街だ」などと評論している場合ではない。

私はドアマン、ベルマン、そしてメイドたちと直《じか》に話した。フードサービスから購買まで、各部門の長とも膝詰めで話し込んだ。

ハウスキーピング・マネジャーに、「あなたの部署は10点満点で何点ですか」とたずねたときのことを覚えている。

彼はしばらく考えてから、胸を張って「10点」と言った。

「それは心強い。実際にいくつか部屋を見てみましょう」

彼がパス・キーを持ち、私と二人で廊下伝いに半ダースほどの部屋を点検し、どこまで掃除が行き届いているかをチェックした。どの部屋でも問題が見つかり、私はそれを指摘した。その後、私のオフィスに戻った。

「さて、もう一度たずねますが、あなたの部署には何点をつけますか？」

彼はきまり悪そうに答えた。「6点ぐらいでしょうか」

「そう、10点満点なんて、そう簡単に取れるものじゃないんです」と私は言った。「現状は6点。これが基準になります。そのうえであらためてたずねますが、いつまでにこれを10点にできますか？　それから、そのために私に何をしてほしいか、教えてください。私は意地悪をするために来たのではなく、あなたを助けるために来たのです。あなたが招集するスタッフ・ミーティングに私も参加させてもらって、励ましの言葉をかけさせてください。スタッフのみなさんの働きに感謝の気持ちを伝えたいのです。そして、自分の仕事に誇りを持ってほしいと伝えたいのです」

彼と私は、改善の進捗状況を毎月報告するというプランを立てた。7点……8点……9点……目覚ましい改善ぶりだった。

他の部門のリーダーとも同じようなことを行った。1年経つか経たないかのうちに、各方面からの評価が急上昇した。『USニュース＆ワールド・レポート』誌と、オンライン旅行サイトの「トリップ・アドバイザー」の両方が、私たちをニューヨークで最高のホテルと評価してくれた。

ある日、定期的に参加していた早朝の聖書を学ぶ会でのこと、ウォール街の金融関係者の一人が、「あなたのホテルはどこにあるのですか？」とたずねてきた。

「5番街の36丁目と37丁目の間です」と答えると、彼は思わず驚きを口にした。

「あっ、それなら知っています！　すごく感じのいいドアマンがいるホテルだ」

以前の文化は一新された。すべての従業員が、最高のホテル、最もフレンドリーなホテル、ゲストを最も歓迎するホテルというビジョンにふさわしく行動するようになっていたのだ。もともと彼らは良い仕事をしたかった。ただ、何をすればよいのか、わかっていなかっただけなのだ。

それでは何を測定すればよいのか

さて次に、いちばん大切なことを考えなくてはならない。リーダーは**何の実績を評価すればよいのか**、という問題だ。

私の考えでは、評価すべき重要事項は4つか5つだけで、それ以上ではない。そうでなければ、窓を拭く回数や、ペーパークリップの値段など、無数の些末な数字に振り回されることになってしまう。どうなれば好転なのかさえわからない数字の海で、溺れてしまうかもしれない。

私が関わるホテル事業では、評価すべき最重要事項は3つある。いわば〝ビッグ・スリー〟だ。あなたのビジネスにおいてほかに重要なベンチマークがあるなら、あと1つか2つ追加してもよいだろう。

顧客満足度／顧客ロイヤルティ

これは推測によっては絶対にわからない。お客様がどう思っているかを知るには、定期的な調査（紙またはオンライン）を実施するしかない。お客様の満足度がいちばんよくわかるのは、次のようなたずね方だ。

「あなたは、また当ホテルを利用したいと思いますか?」

「あなたは、お友だちに当ホテルを薦めようと思いますか?」

10点満点で9点を下回る評価は、私には赤信号と映る。また泊まりたい(買いたい、取引きしたい)と思ってもらえないのはなぜか、そこを掘り下げて知る必要がある。こちらに何か落ち度があったからなのか? 修正や改善ができる類いの理由だろうか?

私のホテルのマネジャーは全員、上位2評価(10点または9点)を下回ると、私が直接乗り出すことを知っていた。私は電話をかけてマネジャーたちに問いかけた。

「これについて何ができるだろう? どうすれば、来月9点以上に持ち直せるだろう? 何が必要なのだろう?」

従業員満足度

顧客満足度と同様に、組織の健全さを測るのが従業員満足度だ。これは会社で働く人々が、自分の働いている環境をどう思っているかを示す評価だ。顧客満足度と同じで、不満を持つのは1人か2人の例外だけで、ほとんどの従業員は満足している、などと都合のよい決め付けをすることは許されない。

従業員満足度は定期的に調査しなければならない。たまたま小耳に挟んだような話をもとに判断したら、間違った決定をすることになる。正式な測定をしなければ従業員の本心はわからない。８人の従業員が機材の不備を訴えたら重要案件だが、そう訴えるのが１人だけなら、もっとはっきりするまで脇に置いておくことができる。

従業員満足度を何年も測定してきた経験から確信を持って言えるのは、これが１％下がれば会社の収益にそれとわかる影響がある、ということだ。満足度の低下は、特に離職率の上昇につながる。会社から事業に関する貴重な知識が消えてなくなり、その知識を再び補充するためにコストがかかる。

従業員満足度の調査は、会社で何が起こっているのかをリーダーに伝え、組織の健全さを維持するために何をすべきかを示してくれる。

主要な経済指標

将来を正しく見通すために、経済指標を把握しなければならない。それによって、６カ月先あるいは1年先に、事業環境がどうなっているかがわかる。

お客様はこれまでと同じペースで自社のサービスや製品を使ってくれるだろうか、それとも使ってくれなくなるだろうか。顧客の年齢構成は高齢化するのか、若返るのか、概《おおむ》ね変わらないのだろうか。これまでと同じぐらいお金を使ってくれるだろうか。

たとえば、ホテル事業では予約状況をウォッチしている。前年に比べて1月、4月、10月の予約状況はどうか？　2年前との比較ならどうか？　これは既存顧客の維持と新規顧客の獲得がうまくいっているかを評価するための数字である。

リーダーは経済全体の動向も見なければならない。私は、1980年に景気後退が近づきつつあることに気づいたときのことを覚えている。社会全体でレイオフが増加し、インフレ率は12〜13％の範囲で推移していた。連邦準備制度理事会（ＦＲＢ）は金利引き上げでそれと戦おうとしていた。1982年の秋、ディアボーン・ハイアットが営業していたミシガン州の失業率は、全米平均を上回る14・5％を記録した。

私は従業員全員を集めてミーティングを開き、部門マネジャー、調理人、フロントデスク担当者、入ったばかりのバスボーイまで、全員に語りかけた。

「みなさん、来年私たちは不況に見舞われます。なぜそれがわかるのかは、いまここでの問題ではありません。とにかく不況がやってきます。それは間違いない。私たちはすでに、カンファレンスやその他もろもろ、それなりの数のグループ客の予約をいただいていますが、そういう予約はいつキャンセルされてもおかしくありません。あらゆるお客様をしっかりつかんで、確保しなくてはなりません。

不況になれば何が変わるでしょう？　このホテルには5つのレストランがあります。たとえば、カップルが1カ月に4回レストランで食事をしてくれているとしましょう。不況でもいきなりゼロにはならないでしょうが、仮に3回に減れば、たちまち25％の低下です。

この部屋にいる全員、一人ひとりが、すべてのお客様に現状どおり利用していただくために、全力を尽くさなくてはなりません。それができなければ、来年の今日、みなさんはこの場にいないでしょう。事態はそれほど深刻なのです」

話し終えて部屋を出るとき、私は片隅に集まってひそひそ声で話している、ベルマンとドアマンたちの横を通り過ぎた。私に気づくと、彼らは話すのをやめた。どこかぎこちない空気が流れていた。たまたま全員がアフリカ系アメリカ人だった。私は内心、たぶん白人のボスである私の悪口でも言っているのだろうと推測した。こいつは自分たちをもっとこき使おうとしている、とでも話しているのだろうと。

80年代初頭の景気後退は経済に厳しい打撃を与えたが、私たちはなんとか荒波を乗り越えることができた。実際、他社がレイオフを余儀なくされる中、私たちは素晴らしい1年を送ることができた。それはなぜか？　お客様のご愛顧をいただくために全力を尽くしたからだ。

時は流れ、私は別の役割を与えられて、別の街に移った。私が再びディアボーンに戻ったのは、25年後だった。そのとき、当時からずっと働いていたベルマンが2人、私に気づいた。「シュルツさん、またお会いできてうれしいです」と、彼らは大きな声で話しかけてくれた。「私たちはあなたがあの不況の年にしてくださったことを、けっして忘れません。あの会議が終わったとき、みんなで集まって、お客様に喜んでいただくために自分たちは何ができるかを話し合いました。あのときのことをいまでも覚えています」

その瞬間、私は彼らの真意を取り違えていたことを知って、不明を恥じた。

「あの時期、きみたちをはじめ、ここのみんなが見せてくれた仕事ぶりは素晴らしかった！　そう、全員で頑張り抜いたんだ」

それから私は妻に電話をして言った。「ディアボーンのことを覚えてるかい？　今日そこで誰に会ったか話しても、きみは信じてくれないんじゃないかな」

主要な経済指標に注意を払い、迅速な対応をすることで、私たち全員が一命を取り止めたというわけである。

ボルドリッジ賞を目指す

リッツ・カールトンの立ち上げに取り組んでいたとき、ある評価プログラムへの取り組みが最優先事項に浮上した。マルコム・ボルドリッジ国家品質賞である。

これはただのお飾りではない。最高レベルの品質管理を行っている米国企業を、連邦政府が認定する顕彰制度である。その名称は、レーガン政権時代に長年にわたり商務長官を努めた、マルコム・ボルドリッジ・ジュニアの名に由来する。

この賞は、製造、サービス、中小零細企業、教育、医療、そして非営利の6部門で、優れた実績を上げた企業や団体に毎年授与される。その目的は、米国の企業や団体が海外の競合に負けない競争力を持つために、見習うべき模範を指し示すことにある。

世界最高のホテル会社を設立しようというのだから、サービス部門でこれを受賞しないわけにはいかなかった。ほかの賞はすでにいくつか受賞していた。たとえば『サクセスフル・ミーティング』誌からはピナクル賞、旅行雑誌『トラベル・アンド・レジャー』からも名誉ある賞をもらっていた。次は何としても、マルコム・ボルドリッジ賞だった。

そんなとき、同賞の審査委員会から、われわれをアメリカ最高のホテルチェーンとして審査対象企業に選んだという知らせを受けた。われわれ幹部はディナーを楽しみながら互いに祝福しあった。

だが、翌朝メールを開いた私が目にしたのは、リッツ・カールトンがノミネートされたと聞いた一部のお客様からの、そんなに立派なホテルじゃないという反論の書き込みだった。前夜の興奮が醒《さ》めてしまった。

その日、私はロジャー・ミリケンという年配の紳士と昼食を共にした。１９８９年に製造業部門でボルドリッジ賞を受賞した、繊維メーカーの会長兼ＣＥＯだ。

「おめでとう、ホルスト。きっとアメリカで最高のチェーンと認められるよ！」

「そのことですが、今朝届いたメールを読むと、最高は最高でも、お粗末な集団の中での最高だと思われているようです」と私は答え、申請の現状についていろいろ話を聞いてもらった。

彼は食事の最後に、「たぶん、ボルドリッジ賞の基準をチェックしたほうがいいだろうね」と言った。彼は賞の審査がどれほど徹底的に行われるかを説明してくれ、ワシントンにいる賞の担当者の連絡先を教えてくれた。

その伝手《つて》をたどった私は、さほど日を置かず、商務省の評価責任者に会ってもらうことができた。時間は朝11時30分から正午までの30分間だった。彼は、商務省がどのようにして申請企業のオペレーションを精査するのか、あらゆるレベルの従業員にどんなヒアリングが行われるのか、長所と短所をどのように評価するのかなど、詳しく説明してくれた。情報が多すぎて頭がくらくらした。

約束の時間が終わりかけたとき、彼は「一緒に昼食を取る時間がありますか？」と誘ってくれた（数年後に本人が打ち明けてくれたのだが、私が説明をまったく理解していないことが見え見えで、気の毒に思って延長の誘いをしてくれたそうだ）。

願ってもないことです、と私がうなずくと、昼食に連れて行ってくれた。そこでも彼は、さまざまな情報を提供してくれた。いくつかは理解でき、なるほどと思ったが、ほとんどは右から左に抜けていった。

話の流れの中で、こうたずねられた。「客室が清潔に保たれているか、どうやって確認しているのですか？」

「その点なら、仕組みがあります」と、私は少し気取って答えた。「メイド4人につき1人、作業をチェックする検査担当者がいます。検査担当者1人につき、1人または2人のアシスタント・マネジャーがいます。この体制で検査しています」

そこで相手が口を挟んだ。「そういう検査を不要にすることができたら、どうですか？」

「そうなれば素晴らしいですね。かなりの費用を節約できます。でも、確実な仕事をするために検査は必要です」

彼はたとえ話をした。「スイミングプールの水質を検査する場合、プールの水をすべて検査しますか、それともサンプルを採取して調べますか？」

「もちろんサンプルを取って調べます」と私は答えた。

「私が言いたいのは、プロセスさえ正しければ、必ずしも全数チェックする必要はないかもしれないということです。目指す結果にふさわしい合理的なプロセスが構築できているかどうかが、ボルドリッジ賞では評価されるのです」

その日ワシントンを去るとき、私は、真の品質を達成するために、まだまだ学ぶべき多くのことがあると痛感していた。しかし、始まったばかりのチャレンジに興奮も覚えた。

7つの評価基準

その後2年間、私はボルドリッジ賞関連の資料を読み漁り、講演を聞き、受賞企業や最終選考に残った企業を訪問して話を聞いた。USAA（保険および金融サービス会社）、グラナイトロック（カリフォルニア州の建設資材供給会社）、ザイテック（ミネソタ州のコンピュータメーカー）などを訪問して話を聞かせてもらった。その時点では、サービス部門で受賞した企業はフェデックスしかなかった。

各ホテルの総支配人を集めた会議では、ボルドリッジ賞を獲るという夢を語った。難解な専門用語をふだん使っている言葉に言い換えながら、賞の意義や内容を説明した。「真に素晴らしい会社かどうか、彼らが評価するのは次の側面だ」と言いながらリストを見せた。

- リーダーシップ
- 戦略的計画
- 顧客および市場への対応
- 測定、分析、およびナレッジ・マネジメント
- 人的資源
- プロセス・マネジメント
- 経営実績（出典2）

「調査員の当てずっぽうや主観で評価されるのではない」と私は言った。「やってくる調査員は、われわれがお客様の要望を正しく認識しているかどうか、それを提供できる態勢が整っているかどうか、それはもう隅々《すみずみ》まで調べ上げるらしい。実際にどんな感じかは、

やればわかるだろう」

長い話を縮めて言えば、賞のための調査に対応するのは骨の折れる仕事だった。ほんの一例を挙げれば、顧客満足度の高さを裏付けたり、それをホテル業界の平均値と比較したりするために、膨大な事実を積み上げなければならなかった。調査が終わるまでに、ボルドリッジ賞の関係者は私たちが持つ全ホテルに足を運び、従業員にインタビューした。面接された従業員の数は2000人にものぼった。

その結果……私たちは賞を獲得することはできなかった。

しかし、私たちはあきらめなかった。私たちはその経験から、パフォーマンスを測定するための科学について、多くを学んだ。私たちは挑戦を続け、ついに1992年、成功をつかんだ。受賞した5社の中に私たちの名前があった。多大な努力を要したが、それに見合う前進を遂げることができた。

最高のサービスを目指す努力に終わりはない

この賞の獲得を目指したのは、名声や賞賛を得るためではない。受賞式で大統領からトロフィーを受け取るのは素晴らしいことだが、そのために努力したのではない。この賞に挑んだのは、さもなければけっして学べないことを学ぶためだった。

この賞の約束事として、受賞した企業は他の企業のためにドアを開き、求められれば、受賞に至る過程で学んだことをシェアしなくてはならない。たとえば私たちの場合、ディズニーのような有名企業からも、訪問インタビューの依頼を受けた。

一度ボルドリッジ賞を獲得すると、その後5年間は申請することができない。その5年が経ったとき、私は経営チームのメンバーに言った。

「2回目を目指そうじゃないか。サービス分野では2回受賞した企業はないが、われわれが最初の会社になれない理由はないだろう」

筆頭副社長が私のところに来て言った。

「ホルスト、私はあなたと長年一緒に働いてきました。ハイアット時代から、あなたはいつも高い目標を設定して、ぐいぐい引っ張ってくれた。でも、さすがにこれはやりすぎだ。私たちはいま成長の途上で、新しいホテルのオープンも控えていて、やることがたくさんある。海外進出の件もある。こんなときに、もう一度ボルドリッジ賞を獲りにいくというのですか？　やりすぎです。合理的な判断とは思えません」

私はこう答えた。「言いたいことはわかるよ、エディー。実は、私もそう思っている。

だが、たずねるけれど、もう一度応募すれば、私たちはみんなもっと勉強し、もっと学ぶ必要に迫られるんじゃないかな？」

「それは、そうなりますが」

「その結果、会社は少しでも良くなるだろうか？」

「良くなるでしょうね」

「それは投資家にとって望ましいことだろうか？」

「望ましいことでしょう」

「従業員は成長するだろうか？」

「成長するでしょう」

「関係者全員にとって有意義なことだろうか？」

「わかりました、やりましょう」

私たちは再び、ボルドリッジ賞の嵐の中に突っ込んでいった。そして1999年、私たちは2度目の受賞を果たした。

相当なコストを要したのは事実だ。私たちはこう言うこともできた。「お金がかかりすぎる。ボルドリッジのお墨付きをもらわなくても、独自に改善すればいいじゃないか」

しかし、それはこう言っているに等しい。「私は癌です。でも、手術はお金がかかりすぎる。放射線治療や化学療法はもっと高くつく。とてもその余裕はない」

生き続けたいのか？　死んでもかまわないのか？

現状を評価し続ける組織は、自分たちに何が足りないかを知ることができる。戦略や戦術をどう変えればよいかもわかる。症状に合った薬を自分で処方することができ、健康に良いことを継続できる。実績評価にかかるコストは、ビジネスを続けるために引き受けるべき負担の一部なのだ。

「検査《インスペクト》していないことは期待《イクスペクト》できない」とはよく言われることだが、これを私なりに言い換えると、「評価していないことは達成できない」ということになる。

現実から目を背けたら、成果は得られない。成果は、現実を評価して必要な調整を行い、再び評価してさらに必要な調整を行って、はじめてもたらされるのである。どんなに立派な組織にも、自分では気づかない欠点や不足はある。それを体系的な調査をすることによって見つけ、真の卓越を目指し続けなくてはならない。

評価と調整は、余裕がある会社だけがやればよい〝贅沢〟ではない。それは責任あるリーダーシップにとって必要不可欠なものだ。

CHAPTER

14

仕事への愛と報酬

MONEY AND LOVE

ワクワクする仕事

『ワクワクする仕事をしていれば、自然とお金はやってくる』というのは、1980年代後半から90年代初頭にかけてベストセラーとなり、最終的に100万部以上売れた本のタイトルだ。ビジネス心理学者になって成功を収めたロサンゼルスの元教師が書いたこの本は、読者に対し、そのサブタイトルが示すとおり、「自分にふさわしい生き方を見つけるためのアドバイスを提示している。(出典1)

すでにおわかりのように、著者の関心は主に個人の内面に向けられている。いくつか章タイトルを挙げてみよう。

- 「私自身《マイセルフ》」という信念の体系
- 自分にしかない「自分」を表現する
- 自分を大切にして歩んでいく

そう、自分の仕事を愛するのは良いことだ。私は若いころから、ホスピタリティ・ビジネスの世界を愛してきた。朝、ベッドから起き上がり、1日のスタートを切れるのは、この仕事を愛していればこそだ。

一時期、私は現場を離れて本社オフィスで勤務した。そのとき、オフィスタワーの駐車場ではエレベーター脇のスペースをもらっていたが、そこにクルマを停めたことはない。ホテルのロビーを通ってオフィスに行けるように、隣接するホテルの駐車場に停めていたからだ。

ドアマンに声をかけ、朝チェックアウトするお客様の様子を眺め、スイートロールを売っている菓子店を通り抜け（そうする必要はまったくなかったが）、最後に隣のオフィスタワーへと向かった。忙しく動いているホテルのざわめきを感じて、心と体があたたまるのを感じたものだ。

「ワクワクする仕事をしていれば、自然とお金はやってくる」というのは、間違いではない。しかし、実態をより正確に表現すれば、こうなる。**「お客様がワクワクしてくれる仕事をしていれば、自然とお金はやってくる」**

これが、あなたが受け取る給料が生まれる道筋だ。これが、組織を活気づけ、生き長らえさせる原動力だ。お客様が望むものを、望む方法で提供することができれば、お金を払ってもらうことができる。

自分が個人的に好きなことだけやっていても——たとえばソファで1日中テレビゲーム

をしたり、母親にさえ理解してもらえない詩を書いていても――お金はやってこない。情熱はどこかで、現実の世界と折り合いをつけなくてはならない。テレビゲームや難解な詩がいけないと言っているのではない。それは自由な時間に追求すればよい。しかし、生産的なことを行いたければ、地に足を着け、そこで時を刻まなくてはならない。

いたずらに個人的欲求に引きずられないよう、気をつける必要がある。誰もがあなたと同じように感じるわけではなく、同じものを好むわけでもないからだ。あなたは単なる〝サンプル〟にすぎず、たった1つのデータを頼りにビジネスを発展させることはできない。お客様（有権者、会員、寄付者、その他呼び名は何であれ）は、それぞれ自分自身の欲求を持っていて、それに対してお金を払ってくれる。その欲求を認識し、それを満たすべく動くとき、ビジネスははじめて実現可能なものとなって回り始めるのである。

8つの重要な問い

お客様が望んでいることを、望んでいる方法で提供するためには、いくつかのステップがある。ホテル経営を学ぶ学生に50分の授業でそれを教えるとすれば、次のように順序立てて説明することになるだろう。

❶どの業界に参入するのかを決める。ホテル業界で間違いないという確信があるか？　決断したら、よそ見をせずに邁進する。

❷ホテル業界に参入すると決めたら、どの市場セグメントを狙うかを決める。〝バジェット〟（格安価格帯）や〝バーゲン〟（徳用価格帯）といった、ローエンドの価格帯に進むのか？　中間狙いでいくのか？　はたまたハイエンドの価格帯を目指すのか？　私が選んだのは〝ラグジュアリー〟（高級価格帯）だが、どれが良くてどれが悪いということではない。ただ、自分はどのセグメントで勝負するかは明確にしなければならない。

❸選んだ市場セグメントで、お客様が望んでいるものに焦点を合わせる。あなたが請求しようとしている水準のお金を喜んで払ってくれるのは、どういうお客様だろう？　その支払いの見返りとして、お客様はあなたに何を期待するだろう？
　そんなことはわかっていると思わず、お客様にたずねなければならない。お客様は実際に何を求めているのか、明確な言葉が返ってこなくても、察知しなければならない。

「自分の家にいるような気分を味わいたい」と言った宿泊客の話を覚えているだろうか（21ページ参照）。その言葉が実際に何を意味するのかを知るためには、独りよがりの勝手な解釈をするのではなく、客観的な目で掘り下げなければならない。

❹お客様の欲求をできるだけ効率的に満たす方法を考える。どのようなシステムを構築する必要があるか？　どうすればオペレーション全体からミスを取り除けるか？　タイムリーにお客様の要望に応えるにはどうすればよいか？　お客様を心から気遣っているということを、どうすれば伝えることができるか？

そういうことを地道に組み合わせることによって、あなたはお客様の信頼を勝ち取ることができる。お客様はあなたのサービスを利用するたびに（製品を買うたびに）、気持ちよく感じ、満足感を味わってくれる。そうなれば、きっとまた戻ってきてくれるだろう。こうして、一回のお客様が一生のお客様になっていくのだ。

❺お客様に提供する経験を、インディビデュアライズ（33ページ参照）あるいはカスタマイズする方法を考える。これは今日の経済において、どんどん重要なテーマになりつつある。

チキンサンドイッチを買ってくれたお客様から、トマトのスライスは2切れ、ピクルスは半分、マスタードはごく少量、と注文されたらどうすればいいだろう？　決まったものしか出せないと言って断るのか？　それともお客様の好みどおりのものを提供するのか？　出すなら出すで、どうすれば厨房を混乱させず、お客様を待たせず、注文どおりのものを用意できるだろうか？

❻以上を実行しつつ、社員に会社への帰属意識を持ってもらい、仕事に主体的に取り組んでもらうためには、どうすればよいだろうか？　命令して動かすのではなく、自らやる気になってもらうために、何をすればよいのだろう？　それができなければ、どんなによくできた戦略やシステムがあっても機能しない。社員から、あからさまに抵抗されないまでも、冷ややかに無視されるのが関の山だ。

❼達成度を正確に測る方法を計画する。お客様が満足しているか、どうすればわかるだろうか？　社員がやるべき仕事をやっているか、どうすればわかるだろうか？　それらを測定し、常に改善し続けるために、どのような尺度を使うのが適切だろうか。

❽最後は自分自身への問いかけだ。あなたは、以上のことを実行するために全力を尽くしているか？　運転席に座ってハンドルを握り、責任を持ってクルマを走らせているか？　目標に焦点を合わせ、気を散らすものを周りから排除しているか？〝言い訳〟や〝説明〟に逃げ込んでいないか？　リーダーとして人を率いるということは、目的地を見据えて進むということであり、同じ所をぐるぐる回ることではない。リーダーとは、ビジョンに血を通わせ、実現を目指して組織を導いていく人のことである。

真に卓越するものが勝つ

以上述べたことのすべては、無風の安全地帯で行うことではない。あなたと同じ分野で活動している他社のリーダーたちも、彼ら自身のビジョンを実現するために日夜努力している。つまり、好むと好まざるとにかかわらず、あなたは激しい競争の中に置かれているのであり、それに打ち勝たなくてはならないのである。

それを考えると、この章の冒頭で紹介した本のタイトルは、もう一ひねり加えて、『お客様がワクワクしてくれる仕事に**卓越すれば**、自然とお金はやってくる』とすべきなのかもしれない。

あなたは他社との違いを証明しなくてはならない。違いは、お客様に他社より大きな満足を与えることから、他社よりうまく仕事を進めることから生まれる。そのためには、すべてに卓越することが求められる。それはどの市場セグメントでも同じだ。メルセデスは優秀でなければならないが、フォードは普通でいいなどということはない。もし私が高級ホテルではなく小さな靴店を営むとしても、来店してくださったお客様に——たとえ何も買ってもらえなかったとしても——今度靴を買うときはこの店に来よう、と思ってもらえるような雰囲気の店にしたいと思うだろう。

仲間と一緒にリッツ・カールトンを始めたとき、私たちは自らにこう問いかけた。「私たちは世界で最高のホテル会社をつくりたい。競合はどこか？ 世界のトップを走っているのはどこか？」

当時、その答えは3つあった。ハイアット、ヒルトン・インターナショナル（国内《ドメスティック》ではない）、そしてインターコンチネンタルだ。これらを相手に、われわれはどうすれば成功を収めることができるだろうか？

私たちは、この3社が行っていることのすべてについて、たとえ少しでもより良くやろうと決めた。少しでもこれら3社より清潔で、より親しみやすく、より良い知識を持ってお客様に接することを心がけた。

実際問題として、何かを他社より上手にやるということと、何かに卓越するということは、同義ではない。どこよりも上手くできても、卓越の域に達していないことはあるからだ。もっと上手くやる競合が登場したら、あなたの優位は崩れる。あなたの未来を長期にわたって守ってくれるのは、卓越性にほかならない。

何世紀も前の賢人の言葉を借りて言えば、「すべてあなたの手のなしうることは、力を尽くしてなせ」ということだ（出典2）。私は、修業時代のドイツで出会ったメートル・ドテルの中にこの態度を見た。いつも彼の全身から、卓越性のオーラが出ているのを感じた。それが私の職業人生の方向を定めたのである。

いまこれを書きながら、一人のビジネスマンからもらった手紙のことを思い出している。その人は、コロラドのマウンテン・リゾートで開かれた会議が終わってデンバー空港にクルマを走らせていたとき、激しい吹雪のために生じた交通渋滞に巻き込まれた。州間高《インター》速道路《ステート》の渋滞がひどくなって、ほとんど進まなくなってしまい、予約していたその日の最終便に間に合わないことがはっきりした。

彼は手当たり次第にホテルに電話して、泊まれる部屋がないか問い合わせた。だが、ほかの何百人もの旅行者が同じことを考えていたので、部屋はどこも埋まっていた。どうすればいいのか？　空港のベンチで夜を明かすのか？

途方に暮れながら、彼はアスペンにあるリッツ・カールトンに電話した。そのとき彼がいた場所から西に200マイル以上離れたスキーリゾートだ。彼は電話に出たコンシェルジュに懇願した。「なんとかしてもらえないでしょうか？　雪のせいで、デンバーに足止め状態なんです」

この話の肝《きも》は、このビジネスマンが会議で宿泊したのは、アスペン・リッツ・カールトンではなかったという点にある。会議が行われたのは別の施設だった。しかし彼は、もしかしたら電話の向こうのコンシェルジュが救いの手を差し伸べてくれるかもしれないと、藁《わら》にもすがる思いでリッツ・カールトンに電話したのだった。

「かしこまりました」とコンシェルジュは答えた。「お役に立てるかもしれません、やってみましょう」

そしてものの数分、魔法のような早業で、コンシェルジュはその夜泊まれる部屋を見つけたのだった。それはリッツ・カールトンではなく、空港近くのほかのホテルだった。

そのビジネスマンは、私に感謝の手紙を書き送ってくれた。「この切羽詰まった状況で私を助けてくれるとすれば、リッツ・カールトンしかないと思いました。あそこに連絡すればなんとかしてくれるだろうと思ったのです」

これこそがお客様の期待の一歩先を行く仕事であり、「卓越したサービス」と呼ぶべき境地である。

ダニエル・ウェブスター（1782～1852年）は、19世紀前半のアメリカで最も雄弁な政治家だった。彼は下院と上院の両方で議員を務めた。国務長官も2度歴任している。彼は若いころ弁護士になりたいと思っていたが、周囲の人は若者のやる気をくじくようなことを言った。「弁護士は大勢いて、ひしめきあっている。ほかの仕事を選んだほうがよい」

ウェブスターは首を横に振ってその意見を退け、いまも語り継がれる名文句を発した。

「いちばん上には、いつも空きがある」（出典3）

最高の存在になろう、競合他社より優れた仕事をしようと努力することで、あなたは人生の満足感を味わうことができ、経済的にも報われる。選んだ事業分野で卓越した存在になると誓い、妥協を許さない年月《としつき》を重ねれば、たとえ景気が悪くなっても夢を実現することができる。

ビジネスの世界には多くの言説がある。だが、何が真実かは、やがて現実の前に明らかになる。他人が何を信じ、何を言おうと、あなたはあなたのビジョンを実現させなくてはならない。

エピローグ　もう一つの話

私はホテル業界に身を置き、素晴らしいホテルをつくることに邁進する機会を得た。紳士淑女にサービスを提供する紳士淑女を養成する機会を与えてもらった。それにはただ感謝しかない。ドイツの小さな村で育った田舎者が、世界を旅し、素晴らしい仲間と共に働く特権にあずかることができたのだ。

しかしあるとき、その歩みが、軋《きし》みを上げて急停止してしまった。1992年のことである。

そのとき、リッツ・カールトンは空高く羽ばたいていた。アトランタからバリ島まで、25のホテルが順調に稼働していた。ハワイや上海など、エキゾチックな場所で15のホテルが開業を目指していた。最初のマルコム・ボルドリッジ賞を受賞したばかりでもあった。私個人のことを言えば、その前年11月に『ホテル』誌によって、「ワールドクラスのホテル経営者」にも選ばれた。

その最中《さなか》、年に一度の健康診断を受けたところ、結腸に平滑筋肉腫があると言われたのだ。大きな衝撃を受けた。すべての癌の中で1％しかない、悪性の腫瘍である。「摘出手術をしましょう」と外科医は言った。「ただし、1年ほどで再発する可能性があります。吹雪と同じで、どこで吹き荒れるかわからないのです」

その夜、私は愛する妻、シェリの目を見ながら、「何かの間違いだ」と叫んでいた。すぐに二人で祈った。「神様、お願いです、子どもたちはまだ9歳と5歳、末っ子はたった18カ月です。父親の記憶さえ持たずに育つことになるのでしょうか？　私は父親らしいことをさせてもらえないのでしょうか？」

ピッツバーグでは妻の父親が癌と勇敢に闘っていたが、その事実も、そのときの私を勇気づけてはくれなかった。実際、義父は18カ月後に亡くなった。

何人もの腫瘍専門医に診てもらったが、全員から、結腸平滑筋肉腫という最初の診断と同じ結果を告げられた。

私は神に叫び、取引を試みた。あなたが命じることは何でもしますから、どうか家族のために生き長らえさせてください、と。「主の祈り」を唱えるのが難しくなった。特に「神の御心《みこころ》どおりになりますように」という箇所は難しかった。「それなら私の癌が治癒することを、あなたの御心の中に含めてください」と懇願した。

ホテル業界で広く知られていた私のキャリアは、一瞬のうちに輝きを失った。ビジョン、事業戦略、エゴ、お金、寄せられる敬意……すべてどうでもよくなった。死を前にして、そんなものに何の意味があるというのだ。

人生が足下から崩れ去るような衝撃に襲われたとき、人は心の空洞を神によって満たそうとする。私の心に、少年時代にドイツの教会で聞かされた聖書の一節が舞い戻ってきた。

「主《しゅ》はその翼を広げてあなたを覆《おお》われる。あなたはその翼の下に避け所を得るであろう」（出典1）

私はこの一節を何度も声に出して読んだ。

聖書には、イエスが「棕櫚《しゅろ》の主日《しゅじつ》」にエルサレムの街に入ったとき、その穏やかな物腰を見た人々が昔の預言者の言葉を思い出したと書かれている。

「見よ、あなたの王が来る。柔和な王が、ロバに乗って」（出典2）

それは私が感じた光景でもあった。神が動顚《どうてん》する私の心の扉を開けて静かに入ってきた。

そのころ私は、男ばかり30人ほどが集まる聖書を読む集いに、毎週参加していた。そのメンバーのうちの4人が、私のために祈りたいと言って、わが家を訪ねてきた。自分の世界やプライバシーを守りたいという気持ちもあったので、正直に言うと戸惑った（「ドイツ人かどうかは見ればわかるが、ドイツ人はあまり話さないから、どんなドイツ人かはわからない」という警句をご存じだろうか）。しかし、不安でいっぱいだった私は、彼らを招き入れた。その夜の彼らの祈りは深く、真実に満ちていた。彼らが去った後、自分も彼らのような高潔な人になりたいと思った。

恐れるな

そして手術が行われた。無事成功した――ただし、とりあえずの成功だ。

手術の翌週の月曜日、摘出した部位以外に腫瘍がないか確認するために、放射線技師が私の全身をスキャンした。その結果を木曜に聞きにくるように言われた。なぜそんなに時間がかかるのだろう。思わず「顧客サービスは迅速さが大切」という持論が口から出かかったが、さすがにそれは思いとどまった。

明日結果を聞きにいくという前の夜、シェリと私はリビングルームの床に身を横たえて祈った。あのときほど妻の存在を近くに感じたことはない。この試練を乗り越え、再び立ち上がらせてくださいと祈った。娘たちのためにも祈った。下の二人は何が起こっているのか完全には理解していなかったが、上の9歳の娘は、父親に何か良くないことが起きていると、はっきり感じていたようだ。

手術に当たっては医師から、術後も3カ月ごとに検査を受けるよう言われていた。この先ずっと悪いニュースを聞かされずに月日《つきひ》を重ねるというのは、見込みのない望みのように思え、暗澹たる気持ちになっていた。

祈っていたそのとき、友人のジョン・ワトソンがわが家のドアをノックした。何事かと思いながら招き入れると、「実は……」と彼は話し始めた。

「ちょっと不思議なことがあってね……二人には少しでも早く話しておいたほうがいいと思って、訪ねさせてもらった。夜中にふと目が覚めたら……誰かが部屋にいた。何事かと思っていると、その〝誰か〟がこう言うんだ。『友だちのホルストのことなら心配しなくて大丈夫です。彼にはやってもらいたい別の計画があります』。しかも、英語だけじゃなくて、ドイツ語でも同じことを言ったんだ……」

その不思議な話を聞いて、私たちの不安は和らいだ。

翌日、かすかな光明を感じながら、検査結果を聞くために医師のもとを訪ねた。医師からこう告げられた。「今回、癌の疑いはまったくありませんでした。3カ月経ったらまた検査を受けてください。経過を見守りましょう」

時の審判

さて、あなたはいま、この本を読んでいる。ということは、私の体は癌に負けなかったということだ。その後の経過観察でも癌は発見されず、いまも健康が保たれている。私は再びリッツ・カールトンの仕事に、そして新しく立ち上げたカペラの仕事に取り組んだ。

手術後、医師からは化学療法を勧められたが、辞退し、2年間、マクロビオティック食《ダイ》事法《エット》を続けた。

あれから何年も経つ。次の年も、そのまた次の年も、癌は再発しなかった。

最近、経営者の集まりや大学の授業、教会などでも話をする機会が増えた。アメリカだけでなく、母国ドイツにも呼ばれて講演をする。

そんな活動の一環で、2015年11月、私はボルチモアのジョンズ・ホプキンス大学で講演をした。世界屈指の医学教育で知られる大学だ。その際、私は何人かの腫瘍の専門医と夕食を共にした。話の流れで、私は癌を克服した自分の体験のことを話した。

「何の癌ですか?」とたずねられたので、病名とそのときの状態を話した。

すると、その中の一人が、「ホルスト、あなたは癌じゃなかったんですよ」と、確信ありげに口を挟んだ。「結腸平滑筋肉腫だったら、あなたはいま、ここに座っていませんよ。

とっくに天国に行っていると思います」

「いや、そんなことはない。アメリカで最高と目される何人もの専門家に診てもらって、全員が同じ診断を下したんですから」と私は反論した。

「でも、24年前の診断は、いまほど正確ではありませんでした」という答えが返ってきた。

「やっぱり癌じゃなかったんだと思います。間違いありません」

彼らは、私がどこで治療を受けたかをたずねた。

「アトランタのピードモント病院です」

「それなら、いい病院だ」と別の一人が答えた。「スライドが保管されているでしょうから、見せてもらいたいですね」

家に帰ってから、私は病院のCEOに電話した。彼は保存資料を調べると言ってくれた。期待したとおり私のファイルが見つかり、ボルチモアに送られた。

2週間後、癌診断に疑問を呈した件《くだん》の腫瘍医から電話があった。「今度こちらに来られることがあったら、ぜひまたお会いしたいです。私はあなた以外に、この癌から生還した人に会ったことがありません」

私の癌に何が起こったのだろう。私には、神が一人の男とその妻、そしてその友人たちの心からの祈りに答えてくれたとしか言うことができない。あのとき、私たちは神に祈った。

「私たちを見放さず、共にいてください！」

神はその祈りに答えてくださった。

あれから長い年月が経つ。私はいまも、私のために祈ってくれた信仰の友とのミーティングに参加して聖書を学んでいる。聖書は私のビジネスの精神的支柱だ。

イエスの黄金律は、「人にしてほしいと思うことを、その人にもしてあげなさい」と教えている（出典3）。私は人と接するとき、相手が誰であれ――従業員、お客様、投資家、あるいは競合他社の人であっても――この人こそが〝その人〟であることを知っている。

あるいは、契約をめぐって対立が起こり、相手側の弁護士の主張を聞いているようなとき、私は新約聖書の使徒書簡の有名な一節を思い起こす。

「何も思い煩わず、どんなときでも神に祈りなさい。そして、祈りに答えてくださる神に感謝しなさい。そうすれば人間の理解をはるかに超えた素晴らしい神の平安が、キリスト・イエスにあってあなたがたの心と思いを静め、安らかにしてくれるでしょう」（出典4）

いま思えば、癌を発症するまでの私は、日曜日だけのクリスチャンだった。癌を宣告されたとき、私の中で、ビジネスで成し遂げてきたすべてのことが重要性を失った。人生の危機にあって、それは何の役にも立たなかった。身を引き裂かれるような絶望の中で一縷《いちる》の希望を探していた私を、それは守ってくれなかった。そのとき、私の希望はキリストの中にしかなかった。だからキリストが希望であるという私の思いは深く、揺るぐことはない。これは正直な思いで言うのだが、いまでは、癌から生還できたことだけでなく、癌になったことにも感謝している。

以上が私のもう一つの話である。

本書に寄せられた賛辞

ホルスト・シュルツは、全人類にとってモデルとなるサービスの文化を創造した。高い規準を設け、妥協せず、組織として必要な仕組みをつくることで、何千人、何万人の心に理想のサービスに必要な価値観を根付かせ、行動を促した。自身の体験と方法論を惜しみなくシェアした本書を読めば、サービスという仕事に向かう意識を高め、実用的な知識を学ぶことができる。

——ジム・コリンズ（Jim Collins）
『ビジョナリー・カンパニー』著者

ホルスト・シュルツは私の家族と私の会社に圧倒的な影響を与えてくれた。彼のカスタマーサービスへの取り組みはホテル業界に革命を起こし、高い規準を確立した。この本には、ホルストその人の物語と、サーバント・リーダーシップの体現者としての歩みの中で培われた実用的な知恵が収められている。あらゆる分野のリーダー、そして人々に奉仕すべく行動しているすべての人にとっての必読書だ。

——ダン・キャシー（Dan Cathy）
チックフィレイCEO

ホルスト・シュルツは誰もが認める世界屈指のホテリエだが、その影響力はホスピタリティ業界の枠をはるかに越えて広がっている。それは、彼が何十年にもわたって顧客サービスの思想的指導者であり続けているからにほかならない。本書はカスタマーサービスの教えが刻まれたロゼッタ・ストーンだ。最高の組織を目指すリーダーにとって、これほど価値のある本はないだろう。

——ティム・アーウィン博士（Dr. Tim Irwin）
リーダーシップ論の権威

感動的なストーリーと現場の知恵を収めた本書は、読者を成功へと導くロードマップと言ってよい。すべてのマネジャー、経営トップ、そして自分を高めたいと願う人にとっての必読書だ。

——ケイ・C・ジェームズ（Kay C. James）
ヘリテージ財団所長

ホルスト・シュルツは、世界で最も愛され、クリエイティブで、成功しているホテル経営者である。目標としたすべてのことに卓越し、関わった世界中のホテルや企業に伝説的とも言える成功をもたらした彼には、多くの熱心なフォロワーがいる。彼と直接仕事をしたことのある人も、人づてにそのカリスマ的リーダーシップについて聞いた人も、人を育てるという分野におけるオリジナルな思想家の一人として、誰もが彼を尊敬している。

——リチャード・J・ステファンソン
（Richard J. Stephenson）
全米癌治療センター所長

企業、非営利組織、政府機関、学校——どこで働いている人にとっても価値のある本だ。心を奮い立たせるケース、実践的な方法を示して、傑出したリーダーになるための条件を教えてくれている。伝説のホテリエとして知られるホルスト・シュルツは、サービスの第一人者であり、ホスピタリティ世界のビジョナリーだ。自叙伝としても深みのある本書で、彼は自身のトレードマークであるリーダーシップ哲学を余すところなく論じている。

大学教育に携わる者として、私は学生のみなさんに本書をおすすめしたい。ここに書かれている実践的な知恵を取り入れ、ベストを目指そうという気概を新たにするなら、公私両面で成功への道が開けるだろう。

——ジューン・ヘントン（June Henton）
オーバーン大学・人間科学カレッジ学部長

CHAPTER 9　部下の心に熱い炎をともす

1. James A. Autry, *Love and Profit: The Art of Caring Leadership* (New York: Morrow, 1992), 45. この本はビジネス思想に影響を及ぼした書籍に与えられる、権威ある Johnson, Smith & Knisley Award を1992年に授与されている.
2. Clayton M. Christensen, "How Will You Measure Your Life?" *Harvard Business Review*, July–August 2010, https://hbr.org/2010/07/how-will-you-measure-your-life
3. Christensen, "How Will You Measure Your Life?"
4. Autry, *Love and Profit*, 17.

CHAPTER 10　社員と会社の間の壁を乗り越える

1. アリストテレス『ニコマコス倫理学』(渡辺邦夫・立花幸司訳, 光文社古典新訳文庫, 2015-16年, 上巻40ページ).〔翻訳を変更した上で引用〕

CHAPTER 11　どんなリーダーが求められているか

1. シェイクスピア『十二夜』(安西徹雄訳, 光文社古典新訳文庫, 2013年, 97ページ).
2. *Google Answers*, "Are Leaders Born or Made?" April 24, 2005, http://answers.google.com/answers/threadview?id=513423
3. スーザン・ケイン『内向型人間の時代』(古草秀子訳, 講談社, 2013年, 74ページ).
4. Chip Cutter, "The Inside Story of What It Took to Keep a Texas Store Chain Running in the Chaos of Hurricane Harvey," *LinkedIn, September* 2, 2017, https://www.linkedin.com/pulse/inside-story-what-took-keep-texas-grocery-chain-running-chip-cutter
5. Stuart Crainer and Des Dearlove, *What We Mean When We Talk about Innovation* (Oxford: Infinite Ideas, 2011), 13で紹介されている発言.

CHAPTER 13　リーダーは精神論だけではうまくいかない

1. "The Man with the Golden Gut: Programmer Fred Silverman Has Made ABC No. 1," *Time*, September 5, 1977, 46-49.
2. 詳細については "Baldrige Excellence Framework", https://www.nist.gov/sites/default/files/documents/2016/12/13/2017-2018-baldrige-framework-bnp-free-sample.pdf を参照のこと. また, "About the Baldrige Excellence Framework," https://www.nist.gov/baldrige/about-baldrige-excellence-framework も参照されたい.

CHAPTER 14　仕事への愛と報酬

1. マーシャ・シネター『ワクワクする仕事をしていれば、自然とお金はやってくる』(VOICE新書, 2001年).
2. 伝道の書9章10節.
3. Martin Manser, *The Facts on File Dictionary of Proverbs* (New York: Infobase, 2002), 262.

エピローグ　もう一つの話

1. 詩編91篇4節.
2. マタイによる福音書21章5節 (ゼカリヤ書9章9節の引用).
3. マタイによる福音書7章12節. ルカによる福音書6章31節.
4. ピリピ人への手紙4章6-7節.

出典

CHAPTER 1　お客様の身になって考えることを追究する

1. Michael Geheren, "Airline Goes 'Above and Beyond' to Help Mother Whose Son Went into Coma," *WGN*, May 27, 2015, https://wgntv.com/2015/05/27/airline-goes-above-and-beyond-to-help-mother-whose-son-went-into-coma

CHAPTER 2　顧客サービスをすべての社員の仕事にする

1. この出来事についてのコヴィーの記述は、スティーブン・R・コヴィー『完訳7つの習慣――人間主義の回復』(スティーブン・コヴィー・ジャパン訳,キングベアー出版,2013年,184-186ページ)を参照のこと.
2. Kevin D. O'Gorman, "The Legacy of Monastic Hospitality," *Hospitality Review* 8, no. 3 (July 2006): 37, https://strathprints.strath.ac.uk/4975/6/strathprints004975.pdf
3. O'Gorman, "The Legacy of Monastic Hospitality," 37.
4. "Baldrige Performance Excellence Program," National Institute of Standards and Technology, https://www.nist.gov/baldrige/about-baldrige-excellence-framework-education 参照.

CHAPTER 5　お客様の3タイプを熟知する

1. Wharton School of the University of Pennsylvania, "Wells Fargo:What Will It Take to Clean Up the Mess," *Knowledge @Wharton*, August 8, 2017, http://knowledge.wharton.upenn.edu/article/wells-fargo-scandals-will-take-clean-mess/
2. "Forsake All Others: Mobile Technology Is Revamping Loyalty Schemes," *The Economist*, September 9, 2017, 64, https://www.economist.com/business/2017/09/07/mobile-technology-is-revamping-loyalty-schemes

CHAPTER 6　社員は単なる労働力ではない

1. Bob Clinkert, "What Henry Ford Really Thinks of You," *Unleash the Masterpiece*, October 25, 2013, http://unleashthemasterpiece.com/?p=543で紹介されている発言.
2. Henry Ford, *My Life and Work* (Garden City, NY: Doubleday, 1922), 72.
3. フレデリック・W.テイラー『新訳・科学的管理法』(有賀裕子訳,ダイヤモンド社,2009年)(原書発行1911年)
4. レビ記19章18節.
5. マルコによる福音書12章31節.
6. Jim Collins, "Good to Great," *Fast Company*, October 2001, https://www.jimcollins.com/article_topics/articles/good-to-great.html

CHAPTER 7　いちばん大事なことを最初に伝える

1. Andrew Cave, "Culture Eats Strategy for Breakfast. So What's for Lunch?" *Forbes*, November 9, 2017, https://www.forbes.com/sites/andrewcave/2017/11/09/culture-eats-strategy-for-breakfast-so-whats-for-lunch/#3dd06b607e0f 参照.

CHAPTER 8　徹底的に繰り返す

1. スティーブン・R・コヴィー『完訳7つの習慣』(201-208ページ).

［著者］

ホルスト・シュルツ（Horst Schulze）

ドイツの小さな村で、つましい家庭に生まれたホルスト・シュルツは、ホスピタリティ業界の先頭を走る世界的な存在になった。1964年にアメリカに渡り、ヒルトン・ホテルに職を得た。転職したハイアット・コーポレーションでは、９年間の勤務で、総支配人から地域担当副社長、そして本社副社長へと組織の階段を駆け上った。

1983年、北米に新しいホテルブランド――ザ・リッツ・カールトン――を構築するために招聘される。シュルツがゼロからスタートさせたリッツ・カールトンは、彼のリーダーシップのもと、19年間で、11カ国に55の高級（ラグジュアリー）ホテルを保有するチェーンへと成長した。社長兼COOとして数々の賞を受賞したシュルツを、1991年に『ホテル』誌は「世界屈指のホテル経営者」と称えた。その３年後には、シュルツはASQ（全米品質協会）のイシカワ・メダル〔人的側面での品質向上に貢献のあった個人またはチームに与えられる賞〕を受賞した。

米国政府の権威あるマルコム・ボールドリッジ国家品質賞を２度も受賞したことで(1992年と99年)、リッツ・カールトンの評価は頂点に達した。

その後さらなる高みをめざしたシュルツは、2002年にはリッツ・カールトンを離れ、最高級の施設を揃えたウルトラ・ラグジュアリー・ホテルであるカペラ・ホテルグループを立ち上げた。同グループのホテルは現在、シンガポール、デュッセルドルフ、上海、カリブ海、バリ、そしてニュージーランドへと広がっている。

ホテル経営のかたわら多くの講演を行っている。対象はビジネスリーダー、大学関係者、企業経営者、ウィロークリーク・グローバル・リーダーシップ・サミットの同時放送など。要請があれば個別の企業へのコンサルティングも行う（これらの活動はワシントン・スピーカーズ・ビューローがマネジメントしている)。

妻シェリとのあいだに４人の成人した娘がいる。アトランタ在住。

ディーン・メリル（Dean Merrill）

著述家。全米ベストセラーとなったものも含めて著書９冊、共著40冊を数える。執筆協力したビジネス書には、小売チェーンのホビー・ロビーのCEOであるデイビッド・グリーンのロングセラー『趣味を超えて』（More than a Hobby）がある。妻グレースとコロラド・スプリングスに在住。

本書で論じられた経営の原則を、組織全体で実践するためのツールやリソースが開発されています。興味がある方は下記サイト（英語）をご覧ください。
https://www.needtolead.com

［訳者］

御立英史（みたち・えいじ）

ビジネス書出版社で書籍編集に携わった後、翻訳者として活動。訳書にケン・ブランチャードほか著『社員の力で最高のチームをつくる』、ヨハン・ガルトゥング著『日本人のための平和論』、ティエン・ツォ、ゲイブ・ワイザート著『サブスクリプション』（いずれもダイヤモンド社）などがある。

伝説の創業者が明かす
リッツ・カールトン 最高の組織をゼロからつくる方法

2019年5月22日　第1刷発行

著　者——ホルスト・シュルツ＋ディーン・メリル
訳　者——御立英史
発行所——ダイヤモンド社
〒150-8409　東京都渋谷区神宮前6-12-17
http://www.diamond.co.jp/
電話／03･5778･7232（編集）　03･5778･7240（販売）
装丁————山之口正和（tobufune）
本文レイアウト—岸和泉
ＤＴＰ———中西成嘉
製作進行——ダイヤモンド・グラフィック社
印刷————三松堂
製本————本間製本
編集担当——木山政行

ISBN 978-4-478-10742-3